BUSCARÉ, SEÑOR, TU ROSTRO

RICARDO SADA FERNÁNDEZ

BUSCARÉ, SEÑOR, TU ROSTRO

Apuntes sobre la oración de contemplación

EDICIONES RIALP
MADRID

© 2025 *by* Ricardo Sada Fernández
© 2025 *by* EDICIONES RIALP, S.A.,
   Manuel Uribe 13-15 - 28033 Madrid
   (www.rialp.com)

ISBN (edición impresa): 978-84-321-7113-0
ISBN (edición digital): 978-84-321-7114-7
ISBN (edición bajo demanda): 978-84-321-7115-4
ISNI: 0000 0001 0725 313X
Depósito legal: M-11650-2025

Impreso en España   *Printed in Spain*
          Anzos, S. L. - Fuenlabrada (Madrid)

ÍNDICE

PRÓLOGO

En el Antiguo Testamento, la contemplación de Yahvé era solo tenue y velada, con momentos esporádicos de particular intensidad, como las teofanías y las grandes intervenciones del Señor en la vida de Israel. Para el hombre común del pueblo elegido, la cercanía de Dios —y sobre todo su visión—, eran objeto de terror religioso: nadie ve a Yahvé sin morir (cf. Éxodo 33, 20). Solo los patriarcas y los grandes profetas tenían acceso a la intimidad personal con Él; solo ellos podían sostener su mirada y escuchar su palabra. Esa palabra transmitida, junto con los salmos como oración popular y litúrgica, el Templo como misterio de la presencia de Yahvé en el mundo, y la esperanza en el Mesías prometido, eran los únicos medios de acceso al misterio de la divinidad. Porque Yahvé permanecía habitando en la tiniebla (cf. *I Re* 8, 12).

Un horizonte completamente nuevo se abre con la venida del Salvador. A Dios nadie lo ha visto jamás, pero Jesús es el Unigénito que está en el seno del Padre, y quien lo ve a Él, ve al Padre (cf. *Juan* 14, 9). A partir de Jesús, de su Humanidad y de los misterios de su vida, de su muerte y de su resurrección, no habrá acceso a la contemplación de lo divino sin la etapa previa del encuentro personal con Él. San Pablo y san Juan son testigos que lo comprueban: Pablo se encuentra personalmente con Jesús en el camino de Damasco y de ese encuentro penetra el misterio oculto desde siglos —«¡oh altura y profundidad del misterio de Dios!»—, y «en Cristo» será elevado al tercer cielo. Juan lo contempla en el misterio del Verbo «que estaba en el principio junto a Dios», haciéndosele tan cercano que escucha el latir de su Corazón y el jadeo de su respirar. Juan se compenetra con la oración sacerdotal de Jesús y se abisma en la visión profética del Apocalipsis.

Desde la Encarnación del Hijo de Dios y a lo largo del curso de los siglos, la contemplación cristiana hará posible a cada uno ir repitiendo el esquema inagotable del Evangelio. Es posible ahora ser María de Betania que arrodillada ante la Santísima Humanidad de Cristo escucha su palabra. O Pedro, que vive el éxtasis de la gloria de un rostro transfigurado o que siente vergüenza bajo la mirada penetrante de Aquel que acaba de negar. O viviremos también nosotros en la oscuridad, como los discípulos de Emaús, o como Magdalena el Domingo de Resurrección. O seremos Tomás, entrando en misterioso contacto palpable con las llagas de las manos y el costado.

Así, la historia de la contemplación y de los contemplativos será una reedición inagotable del Evangelio. Para nosotros, que queremos contemplar —o mejor, *contemplarlo*—, la fe, la confianza y el amor nos harán posible reactualizar personalmente los misterios de Jesús, vincularnos a los mismos, morir y resucitar con Él, según la mística paulina. La Humanidad santa del Señor será alimento insustituible de esta contemplación amorosa y, gracias a ella, podremos ser capaces de reflejar el paradigma de toda actitud contemplativa: la de la Madre de Jesús, para conformarnos con Él.

1. MEDITACIÓN Y ORACIÓN DE CONTEMPLACIÓN EN EL CATECISMO DE LA IGLESIA CATÓLICA

UNA DE LAS MÁS HERMOSAS enseñanzas del *Catecismo de la Iglesia Católica* es la dedicada a la oración.[1] Tendríamos que decir también que la belleza de esa enseñanza va a la par de la claridad y el orden logrado en su planteamiento. Quizá nunca en la historia de la Iglesia se había ofrecido una tan nítida y simplificada exposición de los dos modos de orar mentalmente: la *meditación* y la *oración de contemplación*.

Todos, en algún momento de nuestra vida, habremos hecho ambos tipos de oración. Cuando buscamos la respuesta a alguna cuestión difícil, recurrimos al Señor para oír su parecer sobre aquello. Hacemos entonces oración de

---

[1] Parte IV, nn. 2558 a 2865.

meditación. También cuando formulamos propósitos de mejora o nos examinamos en la presencia de Dios sobre los modos de manifestarse en nosotros el orgullo o la pereza. También entonces meditamos. El otro tipo de oración —oración contemplativa— lo habremos hecho quizá algún atardecer en el interior de un templo vacío y silencioso, cuando nuestra alma se sintió invadida de una paz profunda al advertir la presencia cercana del Señor. Esa tarde, sin proponérnoslo, hicimos oración contemplativa.

Este escrito ofrece algunas consideraciones sobre este modo de orar, e incluye además líneas específicas para ejercitarse en la oración contemplativa. Antes será oportuno, sin embargo, detenernos brevemente en el análisis del otro modo de orar: la meditación.

LA MEDITACIÓN

La meditación —explica el *Catecismo*— «es sobre todo una búsqueda. El espíritu trata de comprender el porqué y el cómo de la vida cristiana para adherirse y responder a lo que el Señor le pide» (n. 2705). Consiste, pues, en un discurso racional, con Dios como interlocutor: nuestra atención ha de encauzarse en una actitud de discernimiento, buscando una luz. Dios nos hablará a través de las gracias actuales —en concreto, de las *gracias iluminativas* del entendimiento—, que sabremos captar en la medida de nuestra fe y nuestra disposición sincera para oírlo: «Según sean la humildad y la fe se descubren los movimientos que agitan el corazón y se les puede discernir» (n. 2706). Eso quiere decir que, al ponernos en su presencia e inquirirle sobre algo, a la larga o a la corta (casi siempre a la corta) una idea se *pone de pie* en nuestro interior ("movimientos que agitan el corazón"). Si persiste esa idea (y nuestra intención es recta), debemos confiar que esa es la respuesta de Dios para nosotros, independientemente de si nos gusta o no. Él no juega al escondite ni se divierte haciéndonos desatinar de un lado para otro: por lo menos no lo acostumbra con principiantes como nosotros. Cuando lo hace y deja a alguien en la oscuridad, es para bien espiritual de esa alma fuerte, curtida en la lucha y con la fe lo bastante sólida para resistir. Bastará, pues, junto con la desinteresada actitud de nuestra parte, poner la suficiente atención (que ya es de suyo bastante) durante un tiempo razonablemente largo como para asegurarnos de su respuesta. El mismo *Catecismo* dice, para nuestro consuelo, que en este tipo de oración «hace falta una atención difícil de encauzar» (n. 2705).

Otras veces, la respuesta de Dios llegará a través de alguna circunstancia externa que hemos de saber interpretar, identificándola con el querer ordinario de Su Providencia hacia nosotros (siempre maravilloso, aunque venga contrario a nuestro parecer). Si no logramos reconocer sus *avisos* ante lo que nos sobreviene cada día ("la página del *hoy* de Dios", según la expresión del *Catecismo,* –n. 2705) perdemos un modo habitual del comunicar divino. Dios es muy 'realista' —es el hacedor de la realidad—, y no entra en sus planes que nosotros prescindamos de ella para refugiarnos en mundos quiméricos.

Dios habla, pues, alumbrando con luz interior nuestra conciencia, y habla también con aquello externo y verificable que nos acontece o les acontece a otros. Su pedagogía llega incluso a través del giro de los acontecimientos históricos y también con las realidades del mundo creado. Pero, ciertamente, su querer se expresa en plenitud solo en nuestro ámbito interior: al fin y al cabo, la historia, o el sucederse de los acontecimientos, o lo que me pasa a mí o a otros no se dilucida sino hasta que nos ponemos frente a Él y le pedimos la claridad de su respuesta. «Se trata de hacer la verdad para llegar a la Luz: Señor, ¿qué quieres que haga?» (n. 2706). Solo hasta entonces, hablándole y oyéndolo, tendremos suficientes garantías de armonizar con Él.

Es tan vital para nosotros asegurar la dirección de nuestros pasos que muchas veces nos asaltará la duda de si en realidad lo que nosotros *creemos* que nos está contestando Dios es, de hecho, lo que realmente Él está queriendo decirnos. Por principio de cuentas, debemos decir que en lo relativo a los ámbitos de la fe —y la oración ahí se encuadra— nadie puede tener certeza física de lo que ocurre. Por ejemplo, con ese tipo de certeza no podemos saber si poseemos o no el estado de gracia santificante: hemos de conformarnos (no olvidemos que caminamos en el claroscuro de la fe) con la *certeza moral*. Esta certeza nos ofrece las suficientes garantías para que podamos adherirnos a Dios sin menoscabo de nuestra libertad y, por ello, meritoriamente. Si tuviéramos todo tan claro como que dos y dos son cuatro, el mérito de confiar en Él quedaría anulado. ¿Qué valor tendría amarlo después de haberlo visto? ¿Cuál, obedecerlo siguiendo una voz atronadora? Nuestra confianza, en medio de la semioscuridad que Dios nos pide, es una prueba por la que tenemos que pasar, superándola como vencedores.

Pero la certeza moral no es, ni mucho menos, despreciable. Por ejemplo, puedo tener certeza moral de encontrarme en estado de gracia por señales diversas: no hallo en mi conciencia acciones gravemente pecaminosas, y además me siento deseoso de mantener la comunicación con Dios y de servirlo. Igual tipo de certeza —certeza moral— tendré al preguntarme si lo que me parece que me responde Dios es de hecho lo que Él me responde. He logrado ponerme en su presencia, le pido conocer su Voluntad, evito sesgar a mi conveniencia el resultado y... espero la luz. Si esta no se me aparece nítida, he de seguir orando, aunque sin esperar que baje un ángel a entregarme el certificado notarial de mi consulta. Dios no se impone, insinúa.

Algunas señales indicadoras, sin embargo, nos ayudarán a tener la certeza de las respuestas de Dios. Una de ellas es que *todo lo que viene de Dios nos hace más humildes, y nos lleva más y más a su Amor.* De ahí que, si algo impulsa nuestro crecimiento en el amor al Señor y nos aumenta el olvido propio, el desprecio del yo, aquello viene de Dios, sencillamente porque no puede proceder ni del mundo, ni del demonio, ni de la carne. Por el contrario, hemos de desconfiar de lo que nos hace estar satisfechos de nosotros mismos o nos lleva a juzgar a nuestros prójimos, despreciándolos. Estos ajustes al querer divino serán continuos y también progresivos, es decir, que con la persistencia en el empeño por convertir nuestra vida en oración —buscamos con sinceridad la plena dedicación de nuestra vida a Dios—, esta inquietud de que venimos hablando deberá ser paulatinamente menospreciada ("según sean la humildad y la fe", n. 2706). Queremos que todo en nosotros se pliegue al querer divino, y entonces de ordinario así ocurrirá. Caminaremos con agilidad y presteza, como por nuestra propia casa, a través de los caminos de Dios. Él podrá decirnos: *Bien quisiera yo que no hubiera en ti ningún forzamiento cuando me sigues... que todo fuera para ti tan sencillo como un suave paseo, porque estás deseando siempre recibir mi señal... y como sé que es ese tu querer, incluso si yerras, Yo lo tomaré como si fuera el acertado...*

Nuestra actitud desconfiada también podría merecernos un reproche por parte del Señor, a quien juzgamos de su Bondad —que es infinita— con los parámetros de la nuestra, limitada e imperfecta. Cuando vamos a Él y extendemos ante Él nuestras plegarias, nuestras miserias, nuestra pobreza, hacemos como los enfermos que se mostraban y se extendían ante el paso de Jesús (cf. *Mateo* 15, 39ss). El Evangelio dice que *los curaba a todos*. No nos quedará entonces sino afirmar que nuestra duda de ser escuchados o de que Dios nos hable no es sino una falta de confianza en su Bondad y en su Misericordia, ya que Él no ansía nada sino unirnos a Sí. Podríamos apelar a su locura de Amor con nuestra voluntad de responder con nuestra propia locura, y todo ello llenos de confianza pues, como dice san Juan de la Cruz, «si el alma busca la unión con Dios, mucho más la busca su Amado a ella» (*Llama* 3, 28).

Junto con la confianza en el Amor, Dios espera que hagamos lo que esté de nuestra parte: practicar la *oración de meditación* para acertar. No nos perdona el esfuerzo de que seamos capaces, aunque nos resulte fatigoso. «Hace falta», repetimos con el *Catecismo,* «una atención difícil de encauzar» (n. 2705). Para ello necesitaremos, de ordinario, ayudarnos de algún libro, «especialmente el Evangelio» (*Id*), pues es en él donde encontramos el Modelo perfecto para saber cómo responder a Dios. Los demás medios útiles —sigue el *Catecismo*— van desde «las obras espirituales y los textos litúrgicos, hasta las imágenes sagradas» o las enseñanzas que se descubren en el «gran libro de la creación y el de la historia» (*Id)*. También —dijimos— es tema de nuestro coloquio oracional lo que nos ocurre cada día: «La página del *hoy* de Dios» (*Id*). Si santa Teresa de Jesús tardó veinticinco años en conseguir hacer oración sin necesidad de libros, quizá nosotros no podamos nunca desprendernos de ellos. O quizá sí: hay a quienes desde el principio Dios lleva "como en volandas".

Los libros que usaremos de guía no serán lo único necesario cuando buscamos una respuesta en nuestra oración de meditación. Ellos nos hablan de situaciones más o menos generales o comunes a todos, pero cada uno habrá de lograr la derivación a su realidad personal. Se trata de bajar de lo especulativo a lo concreto, de la consideración global a la aplicación individual: «Aquí se abre otro libro: el de la vida. Se pasa de los pensamientos a la realidad».[2]

En el ámbito de la oración de meditación se libra la batalla para detectar dónde nos revela Dios los puntos específicos en orden a crecer en las virtudes morales. Esto es algo muy importante, pues no debemos correr el riesgo de vivir una espiritualidad *desencarnada*, al margen de nuestras obras diarias, pretendiendo lograr el entramado de las virtudes teologales infusas sin base previa. Ordinariamente, las virtudes infusas necesitan de las virtudes humanas para la perfección de sus operaciones. Somos hombres, no ángeles, y así hemos de conducirnos.

---

[2] *Catecismo de la Iglesia Católica*, n. 2706.

Muchos son los cristianos que siguen a Cristo, pasmados ante su divinidad, pero le olvidan como Hombre..., y fracasan en el ejercicio de las virtudes sobrenaturales —a pesar de todo el armatoste externo de piedad—, porque no hacen nada por adquirir las virtudes humanas.[3]

De aquí que el ámbito de la contemplación —que es un paso más en las ascensiones hacia Dios— suela ir antecedido por una cierta base de virtudes humanas fundamentales: sinceridad, laboriosidad, lealtad, orden, fortaleza..., así como la posesión estable de hábitos morales: castidad, piedad, caridad, etc. Es esta la razón por la cual santo Tomás de Aquino enumera a las virtudes morales como componentes esenciales de la vida contemplativa.[4] Esto se explica al comprender que las virtudes morales tienen la misión de remover los obstáculos que impiden la vida contemplativa. Sin ellas, podríamos correr el riesgo de dejarnos arrastrar a una mística falsa que nos conduciría a peligrosas ilusiones. Las virtudes morales nos mantienen en contacto con la vida real de la tierra, en la fidelidad absoluta a nuestras más humildes tareas cotidianas.

Precisamente para crear disposiciones de paz en nuestra alma y de pureza en nuestro espíritu

---

[3] San Josemaría Escrivá, *Surco* 652.
[4] Cf. *Suma teológica*, II-II, q. 181, a. 1.

(disposiciones absolutamente necesarias que aseguran la libertad interior, la constancia de compromiso, la transparencia y la penetración de mirada), las virtudes morales tienen una función preciosa para nuestra alma que busca ser contemplativa. Moderan el ardor de nuestras pasiones y la agitación causada por los atractivos exteriores que podrían agostar nuestra alma en el movimiento desordenado de la sensibilidad. Aunque solo sean disposiciones negativas para la contemplación, las virtudes morales resultan a tal grado necesarias que el Doctor Angélico no duda en proclamar la vida activa, constituida esencialmente por ellas, como disposición necesaria para la vida contemplativa.[5] Santa Teresa de Jesús está plenamente de acuerdo y declara que, sin la práctica de las virtudes morales básicas, es vano incluso el deseo de contemplación:

Creer que Dios admite a su amistad estrecha a gente regalada y sin trabajos, es disparate.[6]

El riesgo de no poseer hábitos sólidos —o, al menos, de no luchar seriamente por poseerlos— y lanzarnos sin más a las vías subsiguientes podría

---

[5] Cf. *Suma teológica*, II-II, q. 182, a. 4: *Vita activa disponit ad contemplativam.* Ver también q. 181, 1, ad 3.
[6] SANTA TERESA DE JESÚS, *Camino de perfección* 18, 2.

suponernos no solo el peligro de inutilizar la acción de la gracia por ausencia del soporte previo, sino también el riesgo de confundir la contemplación con el sentimentalismo. Es otra vez la santa de Ávila la que nos lo declara:

> En lo que está la suma perfección, claro está que no es en regalos interiores ni en grandes arrobamientos ni visiones ni espíritu de profecía; sino en estar nuestra voluntad tan conforme con la de Dios, que ninguna cosa entendamos que quiere, que no la queramos con toda nuestra voluntad, y tan alegremente tomemos lo sabroso como lo amargo, entendiendo que lo quiere Su Majestad.[7]

Habiendo, pues, dado por firme este postulado, pasemos ahora a tratar paulatinamente de la contemplación, estableciendo antes los nexos entre los dos modos de orar mentalmente.

RELACIONES ENTRE LA MEDITACIÓN Y LA ORACIÓN DE CONTEMPLACIÓN

Como el espíritu humano es insondable y el divino inescrutable, los modos de oración mental no se presentan en estado químicamente puro, como si de dos elementos de la Tabla periódica

---

[7] SANTA TERESA DE JESÚS, *Fundaciones* 5, 10.

se tratara. Por eso intentaremos ahora lograr algunas clarificaciones sucesivas. En principio de cuentas —venimos diciendo— la *oración de meditación* busca *qué quiere Dios que haga yo*, y nos revela, en la luz interior de nuestra conciencia, su Voluntad específica para un aspecto de nuestra vida. Este modo de hacer oración supone una actitud más activa que pasiva, como si de resolver un crucigrama se tratara. Lo que buscamos con ella es la dirección de nuestro actuar previsto por Dios para cada circunstancia. Podríamos compararla a la disposición del soldado que quiere conocer la voluntad del oficial, o a la del trabajador que acude a *pedir línea* al jefe de su empresa. Incluso a la del discípulo que intenta captar el saber de su Maestro, o a la del enfermo ansioso de oír los remedios del Médico. Pero nada más. Aunque eso sea *ya mucho*, también es cierto que *no lo es todo*. Por ello el *Catecismo*, al terminar de exponer la meditación y antes de entrar al tema de la contemplación, invita a dar el paso: *ir más lejos*.[8]

Y es que si no llegamos a la oración contemplativa nos resultará difícil lograr una verdadera intimidad con Dios y, por ello, la unión en el

---

[8] *Catecismo de la Iglesia Católica*, n. 2708.

amor. Las otras formas de oración —en especial, dijimos, la meditación— resultan imprescindibles para nuestro crecimiento interior, pero nos dejan en el nivel de las virtudes morales, sin aventurarnos al salto de la identificación plena con Jesús que solo se logra con las teologales. Lo cristiano no se reduce a una pura imitación ética del Salvador. El hombre no se libera tomando a Cristo como arquetipo de vida, sino uniéndose a él por las virtudes teologales y entrañándolo en su propia persona por la gracia. Solo desde ahí tienen sentido y valor las obras del cristiano y por eso, aunque «esta forma de reflexión (la meditación) es de gran valor, enseña el *Catecismo*, la oración cristiana debe ir más lejos: hacia el conocimiento del amor del Señor Jesús, a la unión con Él».[9]

Siendo de gran valor, esta forma de oración reduce la temática de nuestro trato con Él solo a nosotros: lo que podemos y debemos hacer. Pensamos en Dios prevalentemente como Aquel que nos podrá ayudar y estimular, que tiene, sí, una presencia acogedora e incluso nos observa como espectador, pero no es aún el Amado del alma, aquel que podría colmar nuestra sed de amor y de felicidad. Quien no transita de la meditación

---

[9] *Ibíd.*

a la contemplación permanece sediento, aunque «por ventura no estaba a dos pasos de la fuente de agua viva», dice Teresa.[10]

Deberíamos confiar en que el deseo de Dios no es otro sino que lleguemos a esa fuente, y en ella bebamos a dos manos. Santiago invita a suplicarle a Dios ese precioso don, que no es sino la manifestación de la sabiduría: «Si alguno de vosotros está desprovisto de sabiduría, pídala a Dios, que a todos da liberalmente sin echarlo en cara, y le será dada. Mas pida con fe, sin vacilar en nada».[11] Así lo ha manifestado el Señor a los místicos, en este caso dirigiéndose a Teresa: «Es mi intención engolosinar las almas de un bien tan alto... Ay, hija mía ¡qué pocos me aman con verdad!, que, si me amasen, no les encubriría yo mis secretos».[12]

Por eso, siendo imprescindible el esfuerzo ascético para lograr la santidad, no hemos de olvidar que, en la vida de la Iglesia, el intento de avanzar por los caminos divinos con el solo bagaje de la lucha personal (a fuerza de puños) ha producido frutos amargos: "el puro ascetismo, sin amor, ha fracasado siempre en la historia del

---

[10] *Camino de perfección*, 19, 2.
[11] *Santiago* 1, 5-6.
[12] *Vida*, c. 18, c. 40.

cristianismo".[13] La lucha ascética no es un fin en sí misma, sino es tan solo medio para ir a Dios, en el sentido de que elimina los obstáculos que le impedirían a Él la posesión de nuestra alma. Lo que agrada a Dios es que lo amemos, no que cuidemos las formas, y si acabamos en el camino fácil de refugiarnos en la moral y ocultarnos tras las "buenas obras", es porque hemos tenido miedo a asumir el amor como norma de vida. Los reformadores protestantes olvidan este principio, y postergan la centralidad del amor, que se derrama en nuestros corazones por la gracia santificante. Ellos fincan la salvación no en una verdadera y profunda renovación interior, ya que no creen en la eficacia transformante de la gracia. La doctrina católica sostiene firmemente que la gracia nos hace verdaderamente criaturas nuevas, en las que el amor se convierte en el origen y el fin de nuestro actuar. Quizá sea el pragmatismo de nuestra época, heredero de esa concepción confusa de la noción de gracia, lo que podría inducirnos a menospreciar aquello que no se ve ni se traduce de inmediato en resoluciones, haciéndonos concebir la vida cristiana como una mera ascesis por la ascesis misma.

---

[13] Melquiades Andrés, *Historia de la mística en la edad de oro en España y América*, BAC, Madrid 1994, p. 127.

Es verdad que toda ascesis resulta indispensable, pues la libertad del corazón es condición necesaria para que Dios se posesione de nuestra alma, pero el fin de Dios es unirla a Él por el amor. Rectamente entendida, la ascética lo es de la persona y no de las cosas: es *la voluntad de ser de Otro,* y antes que renuncia es posesión, antes que desprecio es aprecio. Solo así es cristiana y personalizada, solo así se comprende su radicalidad y su exigencia, porque se presenta como dimensión del amor. Opción totalitaria: dejarlo todo por Él para hallarlo todo en Él. O mejor al revés: porque Dios se nos da del todo para provocar en cada uno la donación de sí.

Santa Teresa utiliza el símil del ajedrez para clarificar el proceso: ambos jugadores, Dios y el alma, entran en liza, simbolizados por el rey y la reina. Todas las demás piezas y el mismo juego sirven para conquistar al rey, hasta darle jaque-mate. Así quiere la santa evidenciar que la táctica, el esfuerzo, el mismo juego de la vida no están destinados tanto a conducir a la 'perfección y al orden' el barullo desordenado entre cuerpo y espíritu, entre instintos, pasiones y virtudes, cuanto a elevarlo al otro polo de la vida, Dios. La ascesis cristiana es una ascesis de amor, cuyo punto focal es el Amado; es una ascesis dirigida a la unión, ya que protege el misterio de las relaciones que el alma ha de mantener con Dios y a ellas ordena todo.

Por eso nos interesa, antes de abordar directamente el tema de la oración contemplativa y para centrar mejor los modos y maneras, hacer una nueva clarificación en las diferencias entre las dos posibilidades de orar. Observemos ahora qué sucede con *los efectos* de ambas, ya que también por los efectos podemos entender las causas. La *meditación* produce el efecto de *hacernos buenos*. La *contemplación nos hace felices*. Claro que la felicidad es un regalo que Dios suele otorgar al hombre bueno, pero también es cierto que alguien puede confundirse y buscar solo un anhelo de perfeccionismo, quedándose en *ser bueno*, y termine por no resultar agradable a Dios. No se trata de que "demos buena apariencia" ante Dios por ser virtuosos, sino que comprendamos que Él nos ama antes de merecerlo.

Santa Teresa de Lisieux, que lo ha experimentado personalmente, explica que «la santidad no consiste en esta o aquella práctica; consiste en una disposición del corazón que nos hace humildes y pequeños entre los brazos de Dios, conscientes de nuestra debilidad y confiados hasta la audacia en su bondad de Padre».[14] El camino es, además de seguro, también sencillo.

---

[14] Santa Teresa de Lisieux, *Últimas conversaciones*, 3 de agosto de 1897.

Si nos quedáramos en la mera lucha ascética sin anhelar la unión amorosa terminaríamos agotados por el esfuerzo y acechados por el hastío en nuestra vida espiritual. Dios sabe que nosotros no resistimos demasiado tiempo manteniendo continuadas tensiones sin jamás experimentar de algún modo el descanso del premio. Necesitamos de cuando en cuando paladear los regustos del cielo; saber que, en cierta manera, ya estamos poseyendo el gozo del Amor. Jesús no dijo que hasta después de nuestra muerte recibiríamos el Reino, sino que lo tenemos *ya ahora*, en nuestra alma en gracia: «El reino de Dios está dentro de vosotros».[15] Tener ya ahora en nosotros el cielo necesariamente ha de paladearse, y entonces el alma contemplativa experimenta que ella misma es el cielo a donde irá («He encontrado mi cielo sobre la tierra, porque el cielo es Dios y Dios está en mí», decía santa Isabel de la Trinidad con maravillosa intuición[16]). Podemos entonces entender cómo todo lo demás —la ley, las virtudes, el esfuerzo— no son sino medios, indispensables pero medios, y a su fiel cumplimiento nos ha conducido la meditación. Pero es solo la contemplación la que nos hace de

---

[15] *Lucas* 17, 21.

[16] Cit. en PERRIN, J-M., *El misterio de la caridad*, Rialp, Madrid 1955, p. 75.

alguna manera conscientes de la posesión de ese fin, nos da regustos de eternidad al hacernos entrever en nuestro caminar terreno relámpagos de la felicidad que intuimos:

La una (meditación) busca; la otra (contemplación) halla. Una rumia el manjar; la otra lo gusta. La una discurre y hace consideraciones, la otra se contenta con una simple vista. La una como camino; la otra como término de ese camino.[17]

Pero no es solo el peligro del agotamiento y del hastío lo que puede sucedernos si permanecemos confiados en la fuerza de nuestro ascetismo y no dejamos a Dios protagonizar nuestra existencia. Es sencillamente que por ese camino llega un momento en que no podemos avanzar más. En todo el proceso la gracia ha movido al sujeto, pero las capacidades humanas están limitadas por su propia imperfección. Entonces se hace preciso actuar de modo nuevo, más pasivo que activo, con la predominancia del influjo de los dones del Espíritu Santo que llevan a un actuar más y más divino. Así pues, llega un momento en que el hombre descubre que ha tenido lugar un giro

---

[17] San Pedro de Alcántara, *Tratado de la oración y la meditación*, 1ª parte.

a su modo activo de plantearse la vida espiritual. Ese momento, sin embargo, no es el mismo para todos, porque no todos poseemos las mismas fuerzas morales, y la Providencia actúa de modo inescrutable. Para algunos puede llegar pronto, apenas iniciándose en los caminos de oración, mientras que otros tendrán que esperar más, sin que eso sea debido a su falta de correspondencia a la gracia. E incluso para algunos no llegará nunca ese momento porque les sobrevenga la muerte antes de acceder a las sendas de la contemplación. Dios les premiará su lucha ascética en el Cielo haciéndolos gozar, ahí sí, de la contemplación a la que siempre estuvieron destinados.

Hemos, pues, de comprender que mantener la vida espiritual sobre una línea única, permanente e indiferenciada —la línea ascética— es un desenfoque en la comprensión de los procesos de la gracia, del modo de crecer en las virtudes teologales y del actuar santificador del Espíritu Santo en el alma. El cardenal Ratzinger, evocando la herejía pelagiana que afirmaba la posibilidad de alcanzar a Dios por medio del esfuerzo solitario de la voluntad[18], llama *pelagianismo de los piadosos* al riesgo del solo ascetismo:

---

[18] Fue en el siglo v cuando Pelagio, monje originario de las islas británicas, y su continuador, Julián de Eclana,

…no quieren obtener perdón alguno, y en general, don alguno de parte de Dios. Quieren el orden puro: no perdón sino justa recompensa, no esperanza sino seguridad. Con un duro rigorismo de ejercicios religiosos, con oraciones y acciones, quieren procurarse un derecho a la felicidad del cielo. Les falta la humildad esencial para el amor, la humildad de poder recibir dones más allá de nuestro actuar y merecer. La negación de la esperanza en favor de la seguridad se basa en la incapacidad de vivir la tensión ante lo que debe venir, y de abandonarse a la bondad de Dios. Así este pelagianismo es una apostasía del amor y de la esperanza, pero en profundidad, es también una apostasía de la fe. El corazón del hombre se endurece hacia sí mismo y hacia los demás, y finalmente hacia Dios: el hombre ya no tiene necesidad de la divinidad de Dios o de su amor. Es su propio derecho el que triunfa y un Dios que no colabore se convierte en su enemigo. Los fariseos del Nuevo Testamento son la muestra, siempre válida, de

---

afirmaron que el hombre puede salvarse a sí mismo: lo realmente valioso, decían, es el buen ejemplo, la instrucción y la práctica personal de las virtudes. El hombre confía en sí mismo y suprime la visión del misterio sobrenatural, no concibiendo más espiritualidad que una moral fundada en el esfuerzo propio, sin dejarle a Cristo el honor de habernos salvado. Las ayudas de Dios pueden entonces merecerse por el ejercicio del libre albedrío, según el pelagianismo.

esta deformada religión. El núcleo de este pelagianismo es una religión sin amor, que así se convierte en una triste caricatura de la religión.[19]

Teresa bautiza tales almas como "almas concertadas" y las encuentra tipificadas en el joven rico del Evangelio. Almas de programas minuciosos y de meticulosidad en su cumplimiento. Almas que buscan de Dios una aprobación de lo que hacen, prendidas de la observancia a unos mandamientos y no de la adhesión a una Persona: "Entrad, entrad, hijas mías, en lo interior; pasad delante de vuestras obrillas".[20] 'Almas concertadas', 'pelagianismo de los piadosos': otros llaman a este peligro 'narcisismo espiritual', identificado en la actitud de quien pretende una hoja inmaculada de servicios porque en el fondo lo que realmente le importa es la excelencia de su ser y su obrar, sin dejarse vivir y actuar por *el Otro*:

La rectitud y pureza de ese amor (a Dios) no se obtiene hurgando continuamente en la conciencia, con un examen enfermizo y egolátrico: el narcisismo espiritual —el ansia de auto perfección— es aún más detestable que el físico. Se

---

[19] Joseph Ratzinger, *Mirar a Cristo. Ejercicios de fe, esperanza y amor.* EDICEP, Valencia, 1989, p. 87.
[20] *3 Moradas* 1, 6.

obtiene enamorándose de Dios, fomentando contemplativamente el amor a Dios, ponderando la infinita amabilidad de Dios, considerando que Dios es Amor; y haciendo añicos el espejo en que uno mismo se mira, el azogue inmanentista.[21]

De nosotros es la mentira y el pecado. Eso es lo nuestro, y tal conciencia nos lleva a descubrir también los dones que Dios ha tenido a bien otorgarnos. Santa Teresa de Lisieux, equiparándose ella a la pequeña flor, determina los campos propios cuando dice que «si una florecilla pudiera hablar, contaría con sencillez lo que Dios ha hecho por ella, sin pretender ocultar sus dones. No diría, so pretexto de falsa humildad, que carece de gracia y de aromas, que el sol le ha robado su brillo y que las tormentas le han tronchado su tallo, cuando está íntimamente convencida de lo contrario. La flor que va a contar su historia se complace en hacer públicas las delicadezas, enteramente gratuitas, de Jesús. Reconoce que nada había en ella capaz de atraer sobre sí sus miradas divinas, y solo en su misericordia ha obrado todo lo bueno que hay en ella».[22]

---

[21] CARDONA, CARLOS, *Metafísica del bien y del mal*, EUNSA, Pamplona 1987, p. 129.

[22] SANTA TERESA DE LISIEUX, *Manuscritos Autobiográficos* A, 3v.

Tales peligros se conjuran al comprender que la felicidad tiene carácter de don, de regalo, y que por tanto ese fin último nuestro —ser felices— solo podemos obtenerlo a través de que otro liberalmente quiera dárnoslo, es decir, a través del amor que nos tenga. La bondad moral, por contraste, podemos obtenerla en cierto sentido como fruto de nuestro propio esfuerzo; pero la felicidad de la contemplación es siempre don divino. Esta sí nos hace felices; aquella, no necesariamente: «Cuando daba la Sagrada Comunión, aquel sacerdote sentía ganas de gritar: ¡ahí te entrego la Felicidad!»[23]. Sí: la felicidad está en el encuentro con Él, y solo ahí.

LA CONTEMPLACIÓN COMO GRACIA

...la contemplación es... un don, una gracia; no puede ser acogida más que en la humildad y la pobreza.[24]

Al tratar de ambos tipos de oración mental, el *Catecismo* cuida mucho de no encorsetar los modos impredecibles del actuar del Espíritu Santo en el interior de cada hombre. Lo que pretende es situarnos en la mejor plataforma para que

---

[23] SAN JOSEMARÍA ESCRIVÁ, *Forja*, n. 267.
[24] *Catecismo de la Iglesia Católica*, n. 2713.

logremos secundar la tarea del Paráclito, ya que Él conduce a cada uno por las sendas que quiere y de la manera que dispone. Por eso, nos aclara que

> …un método no es más que una guía; lo importante es avanzar, con el Espíritu Santo, por el único camino de la oración: Cristo Jesús.[25]

Respeto a la libertad personal, y respeto también a la multiforme acción del Espíritu Santo. No se trata de arrinconar un tipo de oración para centrarnos en otro, sino de transitar por donde nos lleve el soplo del Espíritu: «El Señor conduce a cada persona por los caminos que Él dispone y de la manera que Él quiere».[26] La clave, como siempre, será descubrir cuáles son los senderos interiores por los que guía Dios al alma. Pero también le facilitaremos a Dios su tarea si sabemos *soltarnos* a la potencia impulsora de su Espíritu: «Cada fiel, a su vez, le responde según la determinación de su corazón y las expresiones personales de su oración».[27] Deberíamos anhelar siempre ir por encima de la horizontalidad de la oración discursiva que no logra, en última

---

[25] *Catecismo de la Iglesia Católica,* n. 2707.
[26] *Id,* n. 2699.
[27] *Ibídem.*

instancia, conseguir el cometido de toda verdadera oración: llevarnos más allá de nosotros mismos. La lógica racional no es el único medio ni tampoco el más a propósito para alcanzar a Dios. Dios es Amor y nada más que Amor, y por eso se llega a Él mejor y más totalmente por el corazón. No saliendo del ejercicio meditativo, el alma «puede hacer muy poca hacienda», en frase de san Juan de la Cruz.[28]

---

[28] *Llama* 3, 31. El mismo san Juan de la Cruz habla de un tiempo intermedio entre meditación y contemplación (*Subida del Monte Carmelo* 15, 1) y de cómo ir aprendiendo el nuevo estilo (*Subida del Monte Carmelo* 12-14). Lo hace remarcando los riesgos de no dar el paso:

—Trabajan mucho y hallan poco jugo o nada.

—Aumenta y crece la sequedad y fatiga e inquietud del alma.

—Ya no gusta el alma de aquel manjar tan sensible, sino de otro más delicado y más interior y menos sensible.

—Desgana y repugnancia del alma, peligro de abandonar.

—No se dejan quietar, procurando considerar y discurrir.

—Cuanto más porfían de aquella manera, se hallan peor.

2. LA ORACIÓN DE CONTEMPLACIÓN

Abordemos ya directamente la enseñanza del *Catecismo* sobre la oración contemplativa. «La contemplación —señala con precisión y belleza— busca al amado de mi alma (*Cant* 1, 7). Esto es, a Jesús y en Él, al Padre» (n. 2709). Aquí encontramos la característica fundamental de este modo de orar. Aquí deberíamos detenernos y no pasar adelante hasta haber empapado la mente y el corazón de esta enseñanza. Porque en la contemplación el encuentro es comunicación de intimidad: el alma no trata con Dios de las cosas *que debe hacer* sino de las cosas *de ellos*. El orante fija su mirada en Jesús, le abre el corazón y Él, Jesús —que siempre permanece atento a nosotros— nos abre el Suyo. Esta es la actitud fundamental que se precisa para ser contemplativo: la receptiva, la del mantener el corazón abierto viviendo de la confianza en el amor. «Nosotros hemos conocido y hemos creído en el Amor que Dios nos tiene».[1]

Aquí se nos plantea el primer reto: como se trata de un ejercicio de amor, la contemplación no se aprende en lecciones teóricas, es necesario vivirla, experimentarla en la soledad y en el silencio. Necesitamos aceptar también que la acción por la que Dios lleva al alma hasta su intimidad está cubierta por el velo del misterio: «Tú eres un Dios escondido».[2] Nosotros en este escrito —guiados por el *Catecismo*— rondaremos las murallas de la ciudad donde se esconde Dios.

Santo Tomás de Aquino comienza definiéndola como *simplex intuitus veritatis,*[3] es decir, *mirada simple sobre la verdad.* Pero, dice luego, no se trata de una simple mirada, como la de quien contempla con asombro un secreto de la naturaleza, porque en este caso nos quedaríamos en la contemplación *especulativa* de la verdad. Se trata de una mirada *sub influxu amoris,* es decir, de una mirada empapada y coloreada por la fuerza del amor. La definición resulta entonces análoga a la del *Catecismo:*

---

[1] *I Juan* 4, 16.
[2] *Tu es vere Deus absconditus, Isaías* 45, 15.
[3] *S. Th. II-II*, q. 180, a. 1.

la contemplación es mirada, pero mirada *del corazón*, mirada... que busca al amado de mi alma; mirada amorosa, mirada envolvente. Contemplar es, sencillamente, *mirar amando*. Mirar como el niño que —lleno de cariño y gratitud— fija en su madre que lo acaricia su mirada, o como la de la madre que, embargada de ternura, vela a su pequeño enfermo. Por eso el encuentro en la contemplación no se limita a meras palabras, sino que es ejercicio de amor en todos los modos posibles: intercambio de afectos, de ansias, de esperanzas, de consuelos... «en todo se puede tratar y hablar con Vos como quisiéramos», le dice Teresa.[4]

De ahí que sea el corazón el que deba imperar en la contemplación, porque esta «no es otra cosa sino tratar de amistad, estando muchas veces tratando a solas con quien sabemos nos ama», dice el *Catecismo* citando a Teresa (n. 2709). La definición teresiana quizá no atienda demasiado a las leyes de la lógica, pero es enormemente expresiva. Cuando la formuló había hecho ya mucha oración, y recibido a través de ella enormes dones encaminados a su unión con Dios por el amor. Las definiciones antiguas —por ejemplo, la de san Juan Damasceno en el siglo VIII: «elevación

---

[4] *Vida* 37, 6.

de la mente a Dios»[5]—, son más lógicas, pero menos expresivas. Y por ello menos entrañables: a todos nos resulta más amable *tratar de amistad* que simplemente *elevarnos*. Pero lo que en la contemplación resulta verdaderamente consolador es que en ese trato *estamos muchas veces con quien sabemos nos ama*. Se desea la actualización encendida de esa unión sobrenatural que la gracia ha establecido entre Dios y nuestra alma. O, si se prefiere, la contemplación no es sino un intercambio entre dos amores: el que nos profesa Dios y el que nosotros le profesamos.

Parte, pues, la contemplación del dato determinante de la fe divina: Dios es Amor, nos ha creado por Amor, y por Amor nos ha rescatado destinándonos, también por Amor, a una unión estrechísima con Él. Para que eso se realice habita nuestra alma con una presencia sobrenatural, personal, objetiva, manteniendo en ella una actividad continua de Amor, como hoguera que irradia incesantemente su luz y su calor.

Dios-Amor siempre en acción nos solicita y nos aguarda. Derrama en nosotros su Amor y ha de ser, por eso, nuestro amor el que deba ahora abrirse a Él. Nuestra contemplación no será sino

---

[5] *Oratio est ascensus mentis in Deum* (SAN JUAN DAMASCENO, *De fide orth.* III, 24: PG 94, 1089).

la recepción amorosa de Dios, el anhelo del descubrimiento de su Ser volcado sobre nosotros, el intercambio de miradas de conocimiento y de unión: intercambio de amores. Por eso, cuando contemplamos, no es nuestra intención *vernos* a nosotros mismos, sino *verlo a Él,* que es quien realmente importa. Vamos a gozarnos en su Hermosura, a oír que nos cuente de Sí y nos participe cuanto quiera comunicarnos. Queremos ser sus confidentes: «A vosotros os he llamado amigos, porque todas las cosas que oí de mi Padre os las he dado a conocer».[6]

Cuando comunicamos con Dios lo que más importa es hablar *de Él,* de sus secretos: «Me has escrito: 'orar es hablar con Dios. Pero ¿de qué?' —¿De qué? *De Él,* de ti...»[7] *Háblame de Ti, cuéntame de tu vida.* Dios descubre al alma lo mucho que la ama, lo que en ese momento apesadumbra su Sagrado Corazón, o le descubre la alegría de estar juntos. O lo que sea: pero siempre de intimidad: porque no tratan los enamorados en sus coloquios los problemas de la sociedad, sino lo que ellos llevan en lo más adentro de sus corazones. No hablan sino de su mutuo amor: él de ella y ella de él; él la mira amando y amándola

---

[6] *Juan* 15, 15.
[7] SAN JOSEMARÍA ESCRIVÁ, *Camino*, n. 91.

la oye, y ella a él. Y es que a los enamorados no les interesa nada por encima de su mutuo amor.

Fray Luis de Granada describe así el dinamismo del encuentro contemplativo:

> Él (Dios) mirándola a ella (el alma) con los ojos de su misericordia, y ella mirándolo a Él con los ojos de la humildad.
>
> Él colmándola de beneficios; ella recibiéndolos a manos llenas.
>
> Él enseñándole con suave y amoroso acento, y ella oyendo su doctrina y experimentando su amor.
>
> Él encendiendo a ella con llamas de su amor; ella encendida, tornándole alabanzas, adoración y agradecimiento.
>
> Él la unge y sublima con su gracia, ella sublimada en el espíritu lo contempla gozosa.
>
> Ella contemplando ama, y amando gusta, y gustando descansa, y en este descanso encuentra las mayores delicias que es posible en este valle de lágrimas.[8]

En la contemplación lo realmente fundamental es la *con-cordia*, el gozo de la unión, el sabernos amados y el amar. Por eso esta forma de orar ha sido llamada de diversas maneras a lo largo de

---

[8] *Libro de la oración y la meditación* III, 1.

la historia, porque diversa es la expresión del amor: desde el inicial *flechazo* hasta el amor probado. A lo largo de los siglos y de muy diferentes modos, los escritores espirituales la han denominado oración del corazón o cordial,[9] oración afectiva,[10] oración de simple mirada, oración de unión, oración de intimidad. Y también —porque el gozo del amor poseído produce en el alma una enorme paz—, oración de quietud.[11] Lo que en definitiva importa es que el alma, sabiéndose amada, responda amando, y disfrute entonces, contemplando, de la alegría del amor: «La oración no es un problema de hablar o de sentir, sino de amar».[12]

Tal era la oración de María. La Virgen no desea sino unirse a Dios, y es su olvido propio, la pureza de su interior, lo que permite a Dios desplegarse en Ella. Nosotros experimentamos la agitación en nuestras facultades: «Dios no habla al hombre hasta que este no ha logrado restablecer la calma en sí mismo», decía Alexis Carrel.

---

[9] SAN FRANCISCO DE SALES, *Tratado del amor de Dios*, VI, c. 8.

[10] En el *Tratado de la oración mental* (1534) del P. Antonio Cordeses se encuentra la primera mención de *oración afectiva*.

[11] SANTA TERESA DE JESÚS, 6 *Moradas* c. 7.

[12] SAN JOSEMARÍA ESCRIVÁ, *Surco*, n. 464.

En María no sucedía eso: se hallaba en *estado* de oración; ni siquiera la actividad externa obstaculizaba lo más mínimo. Pero ese contacto suyo con Dios era absolutamente sencillo, sin éxtasis ni arrobos, porque sus facultades tenían la docilidad necesaria para recibir, sin dejar rastro en los sentidos, la unción de la divinidad presente en Ella.

De ahí que el modelo de todo contemplativo sea María. Con su fe toca a Dios. Ella toca cotidianamente el misterio de Jesús, en el más íntimo y profundo de los contactos, en el clima de lo absolutamente normal. Esa es su grandeza, pues la santidad no consiste en la abundancia de gracias extraordinarias sino en la pobreza espiritual, en la apertura a la invasión de Dios, en la pureza de la fe, de la esperanza y de la caridad. San Juan Pablo II habla de la intimidad de María con el misterio de Cristo:

A lo largo de la vida oculta de Jesús en la casa de Nazaret, también la vida de María está 'oculta con Cristo en Dios' (cf. *Col.* 3, 3), por medio de la fe. Pues la fe es un contacto con el misterio de Dios. María diariamente está en contacto con el misterio de Dios que se ha hecho hombre.[13]

---

[13] Encíclica *Redemptoris Mater*, n. 17.

María es, pues, el modelo de todo contemplativo puesto que, en la sencillez de la vida cotidiana, es «el ejemplo del alma que lo busca en la noche de la fe».[14]

Una vía del corazón

La enseñanza de santo Tomás es contundente: «El principio del amor es doble, pues se puede amar tanto por el sentimiento cuanto por el dictado de la razón. Por el sentimiento, *cuando el hombre no sabe vivir sin aquello que ama*. Por el dictado de la razón, cuando ama lo que el entendimiento le dice... Y nosotros debemos amar a Dios de los dos modos, *también sentimentalmente*».[15]

Resulta impresionante ver como santo Tomás, tan riguroso en su lógica, tan preocupado por apoyar cada una de sus tesis con argumentos extraídos de la fe y de la razón, tan interesado, en suma, por trabajar científicamente, se ocupe de la importancia de la afectividad en la aprehensión de las verdades religiosas. No se trata, claro, de la afectividad natural, desequilibrada por el pecado original, separada de la gracia, en la

---

[14] Santa Teresa del Niño Jesús, Poesía *Por qué te amo, ¡oh, María!*, estrofa 15.

[15] *Super Ev. S. Matth.*, lect. 22, 4. El subrayado es nuestro.

que el Aquinate ve un principio de desviación. Se trata más bien del 'corazón' habitado por las virtudes teologales y dirigido habitualmente por los dones del Espíritu Santo; es decir, se trata de un conocimiento experimental del mismo Dios.

En efecto, santo Tomás distingue dos fuentes o dos vías en el conocimiento de Dios: la de la razón y la del corazón. La primera es una vía intelectual; la segunda, experimental o "vía vital". Esta conoce, dice el santo, por connaturalidad, por inclinación, por experiencia, por afinidad con las cosas divinas, por el contacto, por la unión con Dios por el amor; sin razonamientos, de una manera simplicísima, como por instinto. Y es que la vía del corazón se caracteriza por el predominio de la acción del Espíritu Santo, situándose entonces por encima de la vía de la razón, la cual se caracteriza por el predominio de la acción del hombre. El amor va más allá que la inteligencia, pues esta se detiene en el umbral, solo el amor puede penetrar plenamente en la Verdad, porque «la capacidad de captación del amor sobrepasa la de la pura inteligencia». Y explica la razón:

La unión realizada por el corazón se añade a la unión realizada por la inteligencia y la perfecciona... El amor sobrepasa la ciencia y es más perfecto que la inteligencia, porque se ama más que se conoce... El amor, con su gusto y su experiencia, puede mostrarnos más secretos y misterios que los ángeles podrían conocer por las solas luces naturales.[16]

Si buscamos unirnos a Dios por el solo discurso racional, estamos olvidando que la capacidad de entender es superior a la de amar solo cuando se trata de realidades inferiores al hombre: aquello que se abstrae se *espiritualiza,* elevándose. Pero cuando el objeto al que se dirige es mayor al hombre, la capacidad de amar prevalece: ahora es el hombre el que se eleva, porque lo propio del amor es el *impulso,* la fuerza de unión que, en este caso, lanza hacia arriba.[17] A Dios de alguna manera lo rebajamos al razonarlo, pues nuestro conocimiento analógico resulta muy pobre para concebir al Ser

---

[16] *Ibidem.*

[17] Cf. SANTO TOMÁS DE AQUINO, *Suma teológica* I, q. 82, a. 3: «Melior est amor Dei quam Dei cognitio; e contrario autem melior est cognitio rerum corporalium quam amor earum». Esto es así porque «la acción de nuestra inteligencia se realiza *mediante la representación en nosotros de la realidad conocida*; mientras que por el amor nuestra voluntad *se dirige al objeto amado tal como es en sí.* El bien, objeto de la voluntad, como dice el filósofo, está en las cosas, mientras que la verdad está formalmente en el espíritu».

Supremo. Pero cuando lo buscamos con el corazón, somos nosotros quienes nos elevamos, y vuela nuestro espíritu en la más alta de sus expresiones posibles. *Per amore agnoscimus,*[18] dice san Gregorio: ahora conocemos por el amor; y mejor aún: *Amore ipse notitia est*: «El amor es en sí mismo ya conocimiento».[19]

¿Quiere esto decir que los caminos de la razón y del corazón son contrapuestos, y que hemos de optar por uno de los dos? Ciertamente no; estas dos vías no divergen, sino que más bien son convergentes. La vía de la razón encuentra en cierto modo una prolongación en la vía del corazón, del mismo modo que en las montañas una carretera encuentra su prolongación en un sendero que conduce hasta la cima. Desgraciada la ciencia que no se vuelve al amor, dice Bossuet. ¡Desgraciado el saber teológico que no llega a la contemplación! Salvo una intervención particular de Dios, la contemplación estimula el estudio teológico y le asegura una eficacia tal que los santos, con menos estudios y menos esfuerzos, alcanzan mejores resultados que teólogos mejor dotados que ellos. Valga como botón de muestra la concesión del título de Doctora de la Iglesia a

---

[18] *Moralia*, libro I, c. 10, n. 13.
[19] *In Ev.* 27, 4; 14, 4.

santa Teresita del Niño Jesús que, sin haber acudido jamás a las aulas universitarias y habiendo escrito tan solo unos cuantos cuadernos escolares, ha sido declarada guía segura en el andar de los cristianos hacia Dios.

Para intimar con Dios no basta el mero conocimiento intelectual, sino que debe estar condicionado por el amor total de la persona: potencias del alma, sentidos internos, apetitos sensitivos, corazón. Si queremos entrar en un contacto vivo y vital con Dios hemos de situarnos en un circuito de amor: «Quien ama, ha nacido de Dios y conoce a Dios. El que no ama es que no ha conocido a Dios, porque Dios es amor».[20] Y así, buscando a Dios con el corazón —contemplativamente— encontramos que lo mejor de la vida, viene dado, como decimos, por la alegría del amor.

En uno de sus sermones, el santo Cura de Ars resaltaba la continuidad entre el amor terreno y el celestial:

Sí, nuestra única ocupación aquí en la tierra es la de amar a Dios: es decir, comenzar a practicar aquí lo que haremos por toda la eternidad... ¿Por qué hemos de amar a Dios? Porque nuestra

---

[20] *I Juan* 4, 7-8.

felicidad no consiste y no puede consistir en otra cosa, que en el amor de Dios. De manera que si no amamos seremos constantemente desgraciados; y si queremos disfrutar de algún consuelo y suavidad en nuestras penas solamente lo lograremos recurriendo al amor de Dios.[21]

¿Camino para todos?

Nuestra oración contemplativa se fundamenta en la esperanza de ser santos, sencillamente porque Dios está empeñado en unirnos a Él íntimamente, y no porque andemos nosotros sobrados de perfección moral. Afirmar que Dios reserva este modo de comunicación a aquellos que son santos, es decir, que lo han merecido, es un desenfoque de la teología de la gracia: la acción de Dios pasaría a ser reveladora de la virtud del hombre y no de la grandeza divina. El amor no se puede merecer ni exigir, es siempre puro regalo. Desde el Amor fundamental, el de Dios, el amor es inmerecido: ya Dante poetizó sobre el 'Primer Amante', que se adelanta a amar sin que exista nada previo (ni siquiera la realidad misma de los seres). El 'Primer Amante' no encuentra en nosotros ni belleza, ni inteligencia, ni simpatía, ni

---

[21] *Sermones escogidos, Dom. XII después de Pentecostés.*

excelencia de dotes, sino la ausencia de todo: la nada.[22]

Teresa explica que Dios no hace estas mercedes «por ser más santos a quienes las hace que a los que no».[23] Mas parece como si hubiera en nosotros una extraña resistencia a ser

---

[22] "¿Cómo nos ama Dios siendo como somos? Porque aquel amor no es como el nuestro, pobre e indigente, que busca en el objeto amado lo que a él le falta, y necesita por consiguiente que ese objeto sea rico y hermoso y lleno de prendas singulares; no, el amor de Dios es amor de plenitud infinita que no necesita nada y que no busca sino un vacío que llenar, porque es esencialmente comunicable; seres pobres a quienes hacer felices, porque es la Bondad misma; miserias que curar, porque es Misericordia infinita. ¿Qué puede buscar el océano sino un cauce en que derramar su plenitud? ¿Qué puede buscar el océano infinito de Dios, sino el inmenso vacío de nuestra miseria para llenarlo?

Si esperamos para amar a Dios y para ser por Él amados, ser limpios, ser fuertes, ser buenos, ya podríamos esperar toda la eternidad o más bien ya podríamos desesperar para siempre. Todo lo bueno que tenemos lo recibimos del amor de Dios. Él no nos ama porque seamos puros o porque seamos buenos; sino que si somos puros o buenos es porque Dios nos ama. Nuestro amor, amor por indigencia, busca cualidades en el objeto amado; el amor de Dios, amor de plenitud, no busca cualidades sino las da, no pide, sino que da y se da y se comunica sin reserva" (LUIS MARÍA MARTÍNEZ, *El Espíritu Santo*, La Cruz, México 1979, p. 90).

[23] *1 Moradas* 1, 3.

55

amados, quizá porque no queremos entrar de lleno en el juego del amor, de la sujeción, del recibirlo todo para darlo todo. Esta es una siniestra y peligrosa actitud, porque fue desde el principio el grito de Luzbel: la pretensión de la autosuficiencia. Entonces atamos las manos a Dios para que obre, lo reducimos a la impotencia olvidando que «es ganoso de hacer mucho por nosotros»,[24] «muy amigo de que no pongan tasa a sus obras».[25] Como «el amor que nos tuvo y nos tiene me espanta a mí y me desatina»,[26] ese amor se propondrá la mayor unión posible, la intimidad, la transformación y la fusión de nuestro corazón con el Suyo. En otras palabras, la llamada a la contemplación es camino de todos, pues la llamada universal a la santidad es llamada universal a las cumbres del Amor divino. San Juan de la Cruz anima desde el principio de sus obras a llegar a metas jamás soñadas, y advierte el riesgo en que podría colocarnos una actitud timorata:

Dios da talento y favor de pasar adelante que, si ellos quisieran animarse, llegarían a tan alto

---

[24] *6 Moradas* 11, 1.
[25] *1 Moradas* 1, 4.
[26] *Meditac. sobre Cantares* 1, 7.

estado, y quédanse en un modo bajo de trato con Dios.[27]

Entonces será grande su pérdida —sigue advirtiendo el Doctor Místico—, provocada por esa desconfiada actitud, que resulta parecida «...a los niños que, queriendo sus madres llevarlos en brazos, ellos van pateando y llorando, porfiando por se ir ellos por su pie, para que no se pueda andar, y, si se anduviere, sea al paso de niño».[28]

Contemplar es un proceso al que estamos invitados todos, pero cuyos efectos toman tiempo: Dios nos santificará si le damos oportunidad, abriendo nuestra intimidad a su acción silenciosa. Pero será Él y no nosotros quien lo haga; su suavidad, no nuestra impaciencia, el factor transformante. Debemos grabarnos bien que lo importante en la contemplación, el protagonista del diálogo no es nuestra persona, ni siquiera nuestra miseria: el protagonista es Jesús y, en Él, el Padre: «La contemplación busca al amado de mi alma (*Cant* 1, 7). Esto es, a Jesús y en Él, al Padre» (n. 2709). El Padre y el Hijo han sido revelados por el Espíritu Santo, que actúa ahora ya libremente con sus dones, porque nos hemos

<hr>

[27] *Subida*, Prólogo.
[28] *Ibídem*.

retirado del protagonismo, y le hemos retirado los obstáculos.

Vivir de fe, esperanza y amor es el prodigio del alma contemplativa

Vivir contemplativamente es lo mismo que vivir de fe, esperanza y amor: «Ese es el prodigio del alma contemplativa. Vivimos de fe, y de esperanza, y de amor».[29] En la meditación intentamos descubrir el querer de Dios en los modos de practicar las virtudes morales, y a Él le preguntamos cómo quiere que actuemos para ser gratos a sus ojos. Con la ayuda de la gracia, meditando buscamos directamente los propósitos que nos lleven a determinaciones concretas. En la oración de contemplación el tema directo es Dios mismo; hemos dejado por ahora *los medios* que a Él conducen. Lo encontramos a Él, pues las virtudes teologales, y solo ellas, tienen a Dios por objeto. Arribamos a puerto, tocándolo en el claroscuro de la fe, reposando en Él suavemente a través de la confianza en su bondad y misericordia, haciéndonos uno en el gozo del amor. Y desde ahí, más suavemente y mejor, como de arriba hacia abajo, sin olvidarlas

---

[29] San Josemaría Escrivá, *Amigos de Dios*, 221.

nunca ni menospreciarlas, vivimos también las virtudes morales.

Las virtudes específicas que se ejercitan y crecen en la contemplación son, pues, las teologales. No porque las otras no sean precisas: han sido y seguirán siendo *medios* para conducirnos a Él. Pero la prudencia, la responsabilidad, la fortaleza o el orden no son fines en sí mismos: el único fin es Dios, y solo las virtudes teologales nos hacen tocarlo, abandonarnos en Él y a Él unirnos.[30]

Así lo explica el arzobispo de México Luis María Martínez: «Los principios que el Espíritu Santo comunica al alma cuando toma posesión de ella son múltiples y variados, pero los únicos que pueden tocar íntimamente a Dios son las virtudes teologales. Las demás virtudes purifican el alma, quitan de ella los obstáculos para la unión, la aproximan a Dios, la atavían, la hermosean; pero ninguna de ellas ni todas juntas pueden hacer que el alma toque a Dios, porque de ninguna de ellas es Dios el objeto propio».[31]

---

[30] «Todas las virtudes teologales (...) se ejercitan activamente en la vida contemplativa de un hijo de Dios» (E. Burkhart – J. López, *Vida cotidiana y santidad en la enseñanza de San Josemaría. Estudio de teología espiritual*, Rialp, Madrid 2010, vol. I, p. 317: Fuente: Carta 30-IV-1946, n. 73).

[31] *El Espíritu Santo*, La Cruz, México 1979, p. 75. En otro texto, monseñor Martínez ilustra su enseñanza con una

La contemplación es, pues, un constante ejercicio de fe, de esperanza y de amor.

Ejercicio de fe

Con esto, resulta claro que la dificultad de la oración contemplativa no empieza tanto en el *amar* cuanto en el *creer*. O, mejor dicho, para poder vivir en contemplación amorosa el requisito indispensable es una fe encendida y vibrante («Necesitamos fe, ¡más fe!; y con la fe, la contemplación»[32]). San Juan de la Cruz dice que la primera cooperación a la acción del Espíritu Santo en nuestra alma es la fe.[33] La luz de la fe nos hace captar a Dios, y entonces Dios es aprehendido y se hace prisionero de nuestra mirada de fe. Porque la mirada de fe crea un vínculo entre

---

analogía: «Así como un vasallo que va a comunicarse con su rey necesita aprender un camino y vestirse con un traje adecuado y preparar el memorial de la petición que le va a hacer; pero todas estas cosas no son más que preparativos, porque la entrevista con el soberano la hace mirándolo a los ojos, hablándole con sus labios y poniendo su alma en comunicación con el alma del soberano; así, nosotros, para la oración tenemos que purificarnos, pero la oración es ver, es amar, es poseer; la oración consiste en el ejercicio de estas tres virtudes teologales» (*Vida espiritual,* pp. 183-4).

[32] San Josemaría Escrivá, *Amigos de Dios,* 312.

[33] Cf. *Cántico B,* c. 22.

nosotros y Él, vínculo que, en cierto modo, no le permite apartarse de nosotros. Podemos decir así a nuestro prisionero, con palabras del *Cantar de los Cantares* (3, 4), *tenui eum nec dimittam:* te tengo atrapado y no te soltaré; ya nunca más te soltaré porque mi fe te atará siempre a mí.

Sin embargo, a pesar de ese logro maravilloso que nos obtuvo la fe, tenemos que recordar que vivir de fe es actuar sin exigir comprobación alguna. Hacer las cosas subiendo tan alto como podamos, pero sabiendo que no podemos apartar el velo que nos lo oculta todo. Nuestra entrada en la contemplación precisa la credulidad del niño (por eso los niños se mueven en la contemplación como por su casa), que acepta todo cuanto ha revelado Dios, sin cuestionarse nada, aceptándolo con integridad y a corazón abierto. Simplemente porque lo ha revelado Él, y lo que Él ha revelado es que está siempre con nosotros, que es el mismo ayer, hoy y siempre y que, en un extremo de su bondad, busca unirnos a Sí tanto y de modo tan total que acabemos por ser uno y el mismo.

Deberíamos regocijarnos al oír que Jesús dice que solo los niños y los que se hacen como tales poseerán el reino de los cielos. Contemplar no es cuestión de inteligencia sino de corazón, de corazón sencillo y abierto a la simplicidad y a la fe. Santa Teresita lo confiesa en una carta de 1897:

A veces, cuando leo tratados donde la perfección se muestra con mil trabas, mi pequeño y pobre espíritu se fatiga muy pronto. Cierro el libro erudito que me rompe la cabeza y me seca el corazón y tomo la Sagrada Escritura. Entonces todo me parece luminoso: un solo pensamiento descubre a mi alma horizontes infinitos. La perfección me parece fácil: veo que basta reconocer nuestra nada y abandonarnos como un niño en los brazos del buen Dios[34].

Esta actitud de aceptación plena a todas las palabras del Señor nos llevará muchas veces a la sumisión del entendimiento, sencillamente porque nuestra voluntad está rendida ante Él y su palabra. No le creemos por lo que nos dice, sino *le creemos a Él, porque lo amamos*. En este punto, debemos entender que la fe es ante todo un estado del alma en el que la voluntad tiene, ayudada por la gracia, un papel primordial: he de *querer* creer porque amo, porque quiero amar más y más; y querer positivamente vivir de fe, que es lo mismo que vivir contemplativamente. Yo, intencionalmente, *quiero* meterme en este mundo nuevo, no porque sienta sensiblemente nada (si es el caso), sino porque *deseo hacerlo así*: ordeno a mi voluntad (sin olvidar que todo ocurre por

---

[34] Santa Teresa de Lisieux, *Carta* 203, 1897.

acción de la gracia) ordeno a mi voluntad que me lleve por esa senda, y que me vuelva a dejar en ella una y otra vez, sencillamente porque le doy todo mi crédito a Quien es el objeto de mi amor.[35] A esto me compele mi acto voluntario: así lo quiero yo, independientemente de la verificación experimental y al margen del sentimiento, que va y viene y que Dios, dicho sea de paso, puede dárnoslo cuando le plazca, y gozarnos entonces por ello.

Al contemplar hemos de vencer la resistencia a *entrar* en este nuevo *juego* del trato de amistad confiada, total, directa. Decía el santo Cura de Ars: «La fe existe de verdad cuando uno habla a Dios de la misma manera que hablaría a un hombre».[36] Sobre todo en los principios nos será costoso y exigirá una no pequeña decisión y no menor fatiga. Tendremos que *forzarnos,* porque al Amigo que entrevemos no acabamos de experimentarlo presente, vivo y cercano, y porque de nuestra parte estamos acostumbrados a vivir dispersos, desparramados hacia el exterior,

---

[35] "La fe, por tanto, no es un puro asentimiento intelectual. Lleva consigo un fuerte dinamismo intrínseco, el amor, que la traspasa de fuerza operativa" (M. ANDRÉS, *Historia de la mística de la Edad de Oro en España y América*, BAC, Madrid 1994, p. 6).

[36] FRANCIS TROCHU, *Vida del Cura de Ars,* c. XVI.

buscando ahí nuestras seguridades. Lo que vamos abandonando se nos presenta con mucho mayores atractivos que cuanto vamos logrando, y entonces tendremos que meternos por ahí *a fuerza de fuerza,* tal como recomienda Teresa:

> Forcemos a nosotros mismos para estarnos cerca del Señor... hacer un poquito de fuerza a recoger siquiera la vista para mirar dentro de sí a este Señor...[37]

La voluntad, movida por la gracia, *fuerza* a la inteligencia a aceptar lo que no ve: entonces hacemos un acto de fe, no por convencimiento racional sino por el crédito que hemos otorgado a la persona de Jesús y a sus palabras. Descubrimos así que la fe, siendo oscura, nos ilumina.[38] Algo parecido al fenómeno visual de la noche que, al envolvernos en sus tinieblas, nos permite contemplar la profundidad del firmamento. Para que logremos ver las estrellas el sol se ha de ocultar y comenzar la noche. En medio de esa penumbra, nuestra vista alcanza distancias inconmensurables, desciframos poco a poco los misterios divinos y disfrutamos contemplándolos.

---

[37] SANTA TERESA DE JESÚS, *Camino de perfección* 29, 6. Cf. también 26, 8.
[38] Cf. *Subida* 2, 2.

Podemos vivir entonces como si ya estuviéramos en la eternidad pues «la fe —explica santo Tomás de Aquino— es una virtud de la inteligencia mediante la cual tiene en nosotros comienzo la vida eterna».[39]

En la fe hay una voluntad decidida de caminar toda la vida hacia la estrella que se ha entrevisto. Es *vivir con Jesús* de modo más real, cercano e inmediato que si lo viéramos con los ojos, aunque nos haga crisis nuestra racionalidad. La fe no es un simple sentimiento sino *la sustancia,* es decir, la posesión real, «de las cosas que esperamos, una prueba de aquellas que no son manifiestas»[40]. Tenemos ya la vida de Jesús ¡y su Persona! a nuestra vera, y comprobamos lo dicho en la fe de los santos, como santa Teresa, que se atrevió a decir que no envidiaba a los que habían visto en la tierra al Salvador con sus ojos de carne, pues lo veía presente de una manera tan viva con los ojos de la fe en el Santísimo Sacramento que, ¿qué más se le daba?

A nadie niega el Espíritu Santo su acción iluminativa; por el contrario, golpea sin descanso nuestro corazón para que recibamos sus dones. Si no nos decidimos a vivir inmersos de modo pleno en

---

[39] *Suma teológica II-II,* q. 4, a. 1.
[40] *Hebreos* 11, 1.

este mundo de la fe, si no nos forzamos a excitar frecuentes y confiados actos de fe, permanecemos entonces como adormilados en el mal sueño de la visión puramente terrena. Un acto de fe equivaldría a colocarnos unos anteojos especiales con los que descubramos en nuestra inmediatez a esos personajes que de hecho están, y entonces será para nosotros Jesús un ser vivo, y lo serán también María y José, el Padre y el Espíritu Santo, y los ángeles y los santos todos del cielo.

Y permaneceremos así de modo continuo, más continuo que cualquier otro pensamiento o afecto, por recurrente que sea. La contemplación es ejercicio de fe mantenido, de fe avivada, de fe de niño, de fe humanizada por una presencia real, materializándola con todos los recursos que Dios puso a nuestra disposición: imaginación, emociones, memoria, palabras, expresiones de cariño, y cuanta facultad de nuestro psiquismo pongamos en práctica.

En la contemplación la fe es el elemento permanente: no lo son los consuelos ni las gracias extraordinarias. Esto debería darnos una gran paz, entre otras razones porque la fe es siempre más firme y segura que los fenómenos extraordinarios. A veces se nos puede ocurrir que solo podríamos alcanzar un trato íntimo y cercano con Dios luego de *ver* a nuestro Señor en una aparición sensible, como santa Catalina de Génova, santa Margarita María Alacoque, santa Gema Galgani, santa Faustina Kowalska o san Pío de Pietrelcina. Entonces sí, nos decimos, nuestro corazón ardería de amor y estaría anclado en una determinación de seguridad plena. Pero más firme y segura que una aparición —debemos convencernos de ello— es la certeza de la fe. En una revelación o en una locución extraordinaria siempre nos quedaría la duda de si tal fenómeno tuvo origen sobrenatural, o si fue una simple alucinación o incluso algo diabólico. Y aunque llegáramos a tener todos los indicios a favor de la divinidad de aquello, lograríamos tan solo la seguridad moral, mientras que la fe nos proporciona la certeza absoluta, por encima de la certeza moral, de la certeza física y aun de la metafísica, porque se basa en la autoridad de Dios, Sabiduría y Bondad infinitas. La fe, pues, es más cierta que cualquier gracia extraordinaria y de vivir de ella habremos logrado trasponer el umbral que divide al contemplativo del que no lo es.

Incluso María y José, maestros insuperables de contemplación, tuvieron —igual que nosotros— que vivir de fe. ¿No hemos advertido en el Evangelio que ellos *no comprendieron lo que (Jesús) les decía*, o también que *sus padres se admiraban de lo que decían de Él?* Por eso, cuando realmente creemos en Dios y en sus bondades, cuando de veras Jesús es para nosotros Aquel que vive en nuestra alma y en los Sagrarios, y creemos también de firme en lo inmenso de su Amor por cada uno, ¿no es incoherente entonces que nosotros no vivamos con Él, que no gocemos en cada instante de su compañía, que no nos trastorne la felicidad de su presencia continuada? El arzobispo de México Luis María Martínez recuerda

> ...a un alma que llegó a muy alto grado de oración por este procedimiento sencillo. Se decía a sí misma: 'Si yo viera a nuestro Señor, ¿qué sentiría? ¿Qué le diría? ¿Cómo me portaría con Él?' Entonces avivaba su fe, y volvía a decirse: 'Yo no lo veo con los ojos, pero la fe me asegura que está en el Sagrario. Luego si está delante de mí, quiere decir que debo sentir, y decir, y hacer lo que sintiera, dijera e hiciera si con mis ojos corporales lo estuviera viendo'. De esta manera avivaba su fe y facilitaba su comunicación con Dios.[41]

Deslizarnos hacia la esperanza

Llegados a este punto, nuestro acto de fe se desliza suavemente hacia un acto de esperanza. Decía Péguy que la fe que más le gustaba era la

---

[41] LUIS MARÍA MARTÍNEZ, *Vida espiritual*, La Cruz, México 1992, p. 98.

esperanza. Y decía bien, porque como es Él quien nos acompaña y con quien conversamos, tenemos ahora una alegría y una paz que a otros —o a nosotros mismos en épocas pasadas— nos produciría pánico: fue preciso desposeernos de todo para llegar a este nuevo estado, y así andamos —careciendo de las seguridades terrenas que antes poseíamos—, con la plácida confianza del niño que duerme tranquilamente en el vehículo que conduce su padre a velocidad de vértigo. Es capaz de dormir en medio del riesgo porque quien conduce es su padre, y en él deposita plenamente su confianza. La confianza es ciega, es decir, que no confiamos en Él porque las cosas resulten del modo previsto por nosotros, sino que la razón de nuestra confianza es el infinito amor y la misericordia infinita de Dios. La esperanza es una virtud teologal y, como tal, puede crecer sin límite. Nunca tendremos "demasiada confianza" en Dios, sino que a medida que esperemos más de Él, más alcanzaremos. Y al revés: lo ata de manos nuestra desconfianza.

La confianza presupone una fe viva en el mensaje total de los Evangelios, y especialmente en el Amor omnipotente y misericordioso de nuestro Dios. Es menester que esa seguridad se haga tan real ante nosotros que toda otra razón acabe por palidecer y borrarse. Sea en los peligros externos para los cuales no podemos vislumbrar salida alguna, sea en presencia de un ser humano cuya tesitura no parezca permitirnos abrigar esperanzas sobre su conversión, sea ante la conciencia de nuestra propia miseria que de continuo nos paraliza: siempre tiene que permanecer en nosotros la verdad señera que el arcángel Gabriel anunció a María: «Nada es imposible para Dios»,[42] uniéndolas a aquellas palabras de Jesús que están presentes siempre en el corazón del hombre que confía plenamente: «En verdad, todos los cabellos de su cabeza han sido contados».[43]

Esta confianza plena es resultado de la vida contemplativa: la esperanza es una virtud típica del trato íntimo con Dios. Solo en la intimidad que acompaña a la contemplación tenemos un principio, un preludio de la intimidad eterna, que es la paz y el reposo del descanso seguro y para siempre. Nuestra posesión de Dios se da ya ahora con la esperanza. La esperanza nos hace adelantar el gozo del cielo, ya que la más intensa acción divina producida en el entorno de la contemplación nos hace *pregustarlo*. Esto es algo que en el ámbito humano todos hemos experimentado muchas veces en nuestra vida. Cuando

---

[42] *Lucas* 1, 57.
[43] *Mateo* 10, 30.

tenemos una cierta seguridad de lograr una meta anhelada, cuando vislumbramos ya la conclusión de un largo proyecto, cuando tenemos, en definitiva, la esperanza de lograr aquello que hace palpitar nuestro corazón, ¿no experimentamos un gozo especial, como si comenzáramos a saborear aquella dicha? ¿No es la esperanza un adelanto de posesión?

Esto nos sucede en lo humano a pesar de que las esperanzas terrenas no siempre se realizan. En el orden divino, la esperanza está basada en el poder y la bondad de Dios, que son infalibles. ¿Vacilaríamos si Jesús se nos apareciese visiblemente y pudiéramos pasar la vida asidos a su brazo omnipotente y amoroso? Nuestra esperanza teologal, vivida en la contemplación, nos hace transcurrir por la existencia con esa *absoluta seguridad*: vivimos permanentemente *colgados* del brazo omnipotente y amoroso de nuestro Dios.

Arribar al amor

Y pasaremos de la esperanza a la caridad, que es el lugar propio de la contemplación amorosa, y entenderemos por qué la historia de amor en la que concluye todo fue encendida por la inicial chispa de la fe: «Pues bien —son palabras de monseñor Martínez—, esta hermosa intimidad que el Espíritu anhela y por la que suspira el alma, no puede realizarse sino por las virtudes teologales. Es preciso repetirlo, las otras virtudes vacían al alma, la ponen en la ansiada soledad, la limpian y la atavían; pero para comunicarse con el Amado en amorosa soledad son necesarias las virtudes teologales: la fe son los ojos que lo contemplan entre sombras; la esperanza, son los brazos que lo tocan, triunfando del tiempo y hundiéndose en la eternidad; y el corazón que lo ama, que se funde en inefable caricia con el corazón del Amado es la caridad, amor creado hecho para imagen y semejanza del amor increado, vínculo que une estrechamente al alma con el Espíritu Santo, esencia de la perfección y forma de todas las virtudes.[44] Se ha producido "el prodigio del alma contemplativa, y vivimos de fe, y de esperanza, y de amor».[45]

Acabaremos así convencidos de que no son intrincados ni complejos los modos que Dios dispuso para unirnos a Él sino al revés: contemplar es sencillísimo. Nos equivocaríamos si pensamos que solo algunos teólogos expertos en cuestiones místicas alcanzarán de hecho las alturas sublimes

---

[44] Luis María Martínez, *El Espíritu Santo,* La Cruz, México 1979, p. 77.
[45] San Josemaría Escrivá, *Amigos de Dios,* 221.

de la intimidad divina. Nada de eso es verdadero, porque en la contemplación el secreto, dice Teresa,

> ...no está en pensar mucho, sino en amar mucho... no todas las personas son hábiles para pensar, pero todas lo son para amar.[46]

EL CAMBIO DEL CORAZÓN

A tal grado es de fondo la oración de contemplación que sus manifestaciones, dijimos, serán imperceptibles al principio. La determinación del cambio no se queda —como podría darse en la oración de meditación— en la formulación de un propósito inmediato, resolutivo de la cuestión pendiente. Aunque a veces los haya, no son lo esencial: «En la contemplación se puede también meditar, pero la mirada está centrada en el Señor».[47] Por eso, si bien los efectos en la conducta se dan paulatinamente, la conversión es verdaderamente profunda: es conversión del corazón.

Incluso hasta parecería que sobran los propósitos. Desde el fondo del alma todo es un único propósito, porque la persona está reconcentrada en la sola actividad del amor. No actuamos ya

---

[46] SANTA TERESA DE JESÚS, *Vida* 5, 2.
[47] *Catecismo de la Iglesia Católica*, n. 2709.

por la obligación de la ley, ni por el kantiano deber por el deber, ni por el rigorismo de la ascética que fortaleció nuestra voluntad a través de las virtudes. Poseemos ahora las alas del amor, que nos hacen elevarnos por encima los obstáculos y avanzar con prisa festiva hacia la meta.

Así pues, la contemplación, a diferencia de la meditación, opera en nosotros un proceso lento, muchas veces imperceptible, de transformación. Ocurre como con el crecimiento de los niños, que no lo advierten sus padres pues conviven con ellos cada día, pero crecen. La contemplación no verifica determinaciones inmediatas ni se aprecian cambios espectaculares, pero la conversión va a la raíz pues supone la posesión del alma por parte de Dios. Su fuerza consiste en centrar nuestro potencial psicológico y espiritual en el centro o parte más profunda de nosotros mismos, de donde brotan las potencias y sentidos de nuestra alma, que es el corazón. Comprobaremos entonces que resulta más fácil y seguro llegar de las raíces a las ramas, y no al revés. Nuestra contemplación ha incidido en los fundamentos, y entonces la adhesión a Dios traspasa lo íntimo de nuestro ser:

Mucho mejor es mirar las raíces donde manan los vicios y cortarlas, que no, queriendo desmontar las matas o zarzas, cortar las ramas dejando las raíces.[48]

Ese lugar interior —el *corazón*— no es solo la *conciencia* como ámbito donde se encuentran Dios y la persona humana, tal como enseñan los tratados de moral, ni es tampoco el *sentimiento* como emotividad, sino lo que la Escritura entiende como tal: el centro de la persona, el *yo profundo*.[49] Taulero lo designa con el término 'fondo' del alma (*Grund, Boden*), donde el hombre encuentra la 'apertura al infinito'. En la contemplación vamos hasta ese centro porque buscamos pasar de la *escucha* de la voz de Dios a la *unión* con Él

---

[48] Bernabé de Palma, *Via Spiritus*, c. II.

[49] «Para designar el lugar de donde brota la oración, las Sagradas Escrituras hablan a veces del alma o del espíritu, y con más frecuencia del corazón (más de mil veces). Es el corazón el que ora. Si este está alejado de Dios, la expresión de la oración es vana». «El corazón es la morada donde yo estoy, donde yo habito, donde yo 'me adentro'. Es nuestro centro escondido, inaprensible, ni por nuestra razón ni por la de nadie; solo el Espíritu de Dios puede sondearlo y conocerlo. Es el lugar de la decisión, en lo más profundo de nuestras tendencias psíquicas. Es el lugar de la verdad, allí donde elegimos entre la vida y la muerte. Es el lugar del encuentro ya que, a imagen de Dios, vivimos en relación: es el lugar de la Alianza» (*Catecismo de la Iglesia Católica* nn. 2562 y 2563).

propia y verdadera. Abrimos cauces para que el Espíritu Santo toque nuestra alma con el fuego de su Amor, y entonces se despliega intensamente la acción de sus dones iluminativos y unitivos. Todo sucede con suavidad y naturalidad, como cuando respiramos: «Gusten y vean qué bueno es el Señor».[50] La fuerza transformadora del Espíritu Santo —suave soplo, tenue brisa, rocío que no se sabe cómo llega— produce sus Frutos en su norma habitual del actuar discreto. San Juan de la Cruz lo resume con precisa belleza: ahora tratamos del "amor silencioso",[51] porque el alma contemplativa ha entendido que «...el lenguaje que Él (Dios) oye, solo es el callado amor».[52]

Y es que, en efecto, todo va teniendo a la postre valor si se realiza amando.[53] No nos pide Dios

---

[50] *Salmo* 118.

[51] «La contemplación es silencio, este "símbolo del mundo venidero" (San Isaac de Nínive, tract. myst. 66) o "amor silencioso" (San Juan de la Cruz). Las palabras en la oración contemplativa no son discursos sino ramillas que alimentan el fuego del amor. En este silencio, insoportable para el hombre "exterior", el Padre nos da a conocer a su Verbo encarnado, sufriente, muerto y resucitado, y el Espíritu filial nos hace partícipes de la oración de Jesús» (*Catecismo de la Iglesia Católica*, n. 2717).

[52] *Carta a las Carmelitas Descalzas de Beas*, 22-11-1587. En *Dichos*, n. 131.

[53] Cf. *I Cor.* 13, 1ss.

quedarnos en luchas hercúleas ni en ejercicios de rigor agotadores. Nos pide hacerlo todo bajo el impulso del amor, independientemente de lo que nos cueste. El premio nos es dado por el amor mismo, no por la dificultad. Aún más: aunque el amor vaya tornando fáciles las cosas difíciles, no perdemos el mérito sino al revés. Como el pianista consumado que sin aparente dificultad ejercita un difícil movimiento.

> Lo meritorio no es sino la medida en que se manifiesta en las cosas la perfección del amor, que triunfa en dicha dificultad. Así, pues, si el amor fuera tan completo que suprimiese en absoluto la dificultad, sería entonces más meritoria.[54]

Experimentaremos entonces, por decir algo, que la sonrisa amable que somos capaces de dirigirle al inoportuno procede de haber aprendido, en la contemplación, los *modos* propios de ser del Salvador: nuestro corazón está inundado de *Su* dulzura, y entonces la expresamos sin hacernos violencia. Es aquello que Tatiana Góricheva refiere de los hombres de Dios en su país —los *starets*— en los que

---

[54] Santo Tomas de Aquino, *Quaestiones disputatae de caritate* 8, ad 17.

...no hay nada de lo que ordinariamente se atribuye a personas 'inteligentes', ninguna expresividad forzada, ninguna introversión, voluntariedad, ironía, etc. La índole propia de un *staret* se caracteriza en general por una extraordinaria naturalidad donde no hay nada mecánico, donde todo es imprevisto, casual... Es como si las cualidades superfluas cayeran de la personalidad completa como hojas marchitas...[55]

Estamos en el ámbito de la connaturalidad, de la "personalidad completa", que es la personalidad de Cristo. Esa connaturalidad se da de modo paradigmático en María, pues Jesús lleva impresos los rasgos de su rostro, el perfil de su belleza: en Él se ve Ella reflejada y, a su vez, Jesús también se reconoce en Ella. María puede penetrar como nadie el Corazón de su Hijo puesto que lo conoce por la máxima connaturalidad humana y divina, por la plenitud de la gracia que recibió en su alma y porque Jesús es suyo, de sus entrañas.

Para nosotros la fuerza de transformación en Cristo irá produciendo, *suaviter et fortiter,* resultados semejantes. De otro modo nuestra mera lucha voluntarista no podrá conseguir nunca ese fin tan deseado y si, pongamos por caso, sonreímos,

---

[55] *La incansable búsqueda de la felicidad*, Herder, 1990, p. 90.

nuestra sonrisa podría parecer una mueca, y lo será de hecho porque no expresa el real contenido de nuestro corazón: no hay connaturalidad.

San Agustín dice que la virtud es el *ordo amoris*, el orden en el amor[56]. Si nuestro corazón está ordenado en el amor a Dios, si lo ama a Él de modo exclusivo y total, entonces vivirá fácilmente todas las virtudes, porque es más fácil ir de adentro hacia afuera que al revés. Todo resulta asumido ya con la fuerza sobrenatural del corazón lleno de Dios. Es el despliegue de la gracia, de los dones y virtudes infusas, que se ponen en práctica con los pies firmemente anclados en el suelo de la cotidianeidad. Nada de lo humano nos es ajeno, así como tampoco nos sentimos extraños en el ámbito de los dones infusos y del misterio de Dios.[57]

---

[56] *De moribus Ecclesiae Catholicae et de moribus manicheorum*, libro 1, c. 15.

[57] "Con la gracia no es preciso que hagamos grandes cosas y nos ejercitemos en duras penitencias; con que pronunciemos piadosamente el nombre de Jesús, con que obsequiemos al prójimo con un sorbo de agua, con que elevemos una corta plegaria y ofrezcamos a Dios un sufrimiento momentáneo e insignificante, hemos ya merecido el cielo" (MATÍAS SCHEEBEN, *Las maravillas de la gracia divina*, Libro IV, cap. XI, Desclée, Bilbao 1960, pp. 344-5).

Dejemos aquí una primera visión panorámica de la oración contemplativa. Llegados a este punto podemos preguntarnos qué sacamos en claro de todo este desarrollo. Quizá nos sintamos un poco perdidos, y concluyamos que no hemos captado sino una mínima luz. Lo extraño sería que a través de las páginas de un escrito hubiéramos logrado lo que se consigue en la vida. El Espíritu Santo no se limita a encerrarse en letra impresa. Él tiene no solo mil caminos para conducir a las almas, sino también un lenguaje exclusivo para cada una. Más que aprenderla, dijimos, la contemplación es para experimentarla. Como toda acción de Dios, es inefable. Esto es lo que debemos acometer en lo personal: descifrar nuestra propia ruta, recorriéndola a base de aprender el lenguaje divino, escuchándolo en el silencio de la oración, de la intimidad, del encuentro.[58]

---

[58] Como guía para una clarificación conceptual, los elementos claves en el proceso contemplativo son Dios, el hombre y la unión. Esta fórmula debe ser completada, ya que Dios ha querido que nos unamos a Él siendo hijos en el Hijo: unión del hombre con Dios en Jesucristo, apertura del corazón para dejarse poseer por el Amado. El dinamismo del proceso se obtiene añadiendo un elemento más: las virtudes teologales, pues solo ellas son capaces de unirnos a Dios. Tenemos así que el proceso consiste en la unión del hombre con Dios en Jesucristo por medio de la fe, la

esperanza y la caridad, potenciadas por los dones del Espíritu Santo. Basta completar la fórmula con dos subsidios necesarios: la unión implica negación, es decir, mantener el corazón libre de ataduras, y la unión exige dedicación: tiempos para lograr el recogimiento interior.

3. REQUISITOS PARA LA CONTEMPLACIÓN: LIBERTAD DEL CORAZÓN Y RECOGIMIENTO INTERIOR

DIOS ESTÁ BUSCANDO incesantemente corazones dispuestos a recibir los dones que tiene preparados para llevarlos a su intimidad. Su más profundo deseo es hacerlos felices con la felicidad con la que Él mismo es feliz. Pero no podrá hacerlo si el alma desoye su invitación: el 'Señor de toda cortesía' jamás traspasa el umbral que le señala la libertad de su criatura. Cuando su Amor es despreciado, una misteriosa forma de dolor se vierte sobre el Corazón divino. Cuando es aceptado, Él recibe una forma nueva de consuelo, también misteriosa, la del amor correspondido.

Como la contemplación es una gracia, no podemos ni merecerla ni producirla; lo que sí está en nuestras manos es hacernos aptos para recibirla.[1] En una de las canciones del *Cántico Espiritual*, la 35, san Juan de la Cruz resume las *disposiciones* que hacen capaz al alma de recibir los dones de la intimidad divina. En esa canción habla el Esposo, Cristo, declarando los medios que el alma, la Esposa, ha descubierto para alcanzar la unión, gozándose Él mismo de que ella se encuentre así: *En soledad vivía / y en soledad ha puesto ya su nido / y en soledad la guía / a solas su Querido / también en soledad de amor herido.*

En *recogimiento interior* estaba ya el alma dedicando su amor al Esposo: *en soledad vivía.* Como logró permanecer fiel a esa exclusiva atención a través del tiempo, estableció *su nido,* es decir, el alma se asentó en soledad permanente, en recogimiento habitual. Entonces *su Querido* puede guiarla *a solas,* sin compañía extraña —solos los dos—, pues ella ha *renunciado a los gozos que existen fuera de Él,* logrando liberarse de todo cuanto no es su Amado. Su corazón está libre no solo de las ataduras de realidades externas, sino que se ha liberado también de la esclavitud principal: la del amor propio. Así la Esposa «deja el corazón libre para Dios, que es principio dispositivo para todas las mercedes que Dios le ha de nacer».[2]

---

[1] Cf. *Conc. de Trento*, ses. VI, cap. 5ss; *S. Th.*, I, II, q. 109, a. 6.
[2] *Subida*, 3, 20, 4.

Las disposiciones que precisa el alma para recibir los dones de la contemplación han de situarse, pues, en un doble sentido de *soledad*: uno, de soledad de recogimiento, como «medio para en ella hallar y gozar de su Amado», y otro, como aquella soledad que permite vivir en el desasimiento de todo cuanto no sea Dios: «Dar a solas todas las cosas criadas por su Querido... por cuanto ella por medio de esta soledad tiene ya verdadera libertad de espíritu».[3] También en el amor humano la soledad es presupuesto del amor: «Quien no ama —dice el poeta— no comprende toda la inmensa dicha de estar solo».[4]

Esto es así porque el amor pone al alma en soledad, en una soledad que parece terrible vista de lejos pero que es deliciosa cuando se goza su encanto. El amor es fuerte como la muerte; como ella, el amor arranca, divide, separa, aísla. Sin soledad es imposible el amor, porque el amor no comparte. «Sal —dijo Dios a Abram—, sal de tu casa y de tu parentela».[5] «Oye, hija —dice Dios al alma por el salmista— olvídate de tu pueblo y de la casa de tu padre».[6] Él pide al corazón

[3] *Cántico B* 35, 2.
[4] AMADO NERVO, *Elevación*.
[5] *Génesis* 12, 1.
[6] 45, 11.

predestinado a su Amor una dedicación plena; le pide que salga y olvide, que se quede solo, que vaya al desierto, porque ahí le hablará al corazón y lo unirá a su Amor[7].

Como inseparable compañera de la soledad de recogimiento está la soledad de ataduras, el desprendimiento de cualquier afán al margen del afán de Dios. Estos dos principios dispositivos para la contemplación —plenitud de renuncia y atención a Dios en exclusiva— podrían parecernos metas demasiado altas (llevamos ya una larga historia de fallidos intentos), y nuestro ánimo se resistirá incluso a acometer los primeros tanteos. Busquemos ir paulatinamente, confiados en que, si Dios espera eso de todo hombre, no pediría lo que solo muy pocos podrían darle. Como de hecho todos estamos llamados a alcanzar la unión en el amor, afrontemos esperanzados el planteamiento de los *principios dispositivos* para la contemplación: el *desprendimiento o libertad del corazón,* y el *recogimiento interior.* Quizá al final llegaremos a comprobar que no resultó tan difícil como pensábamos, pues Dios tiene ayudas muy especiales para quienes le abren palmariamente su corazón.

---

[7] Cf. *Oseas* 2, 17.

Libertad del corazón

La ausencia de ataduras en nuestro corazón es disposición indispensable para ser contemplativo. Hemos venido insistiendo en este punto porque nuestro anhelo de intimidad divina nos exige no solo la permanencia con Jesús en la soledad del recogimiento interior, sino también la soledad o renuncia a todo gusto que no sea puramente para honra y gloria de Dios, es decir, a cuanto no nos lleve a Dios: renuncia a todo afecto desordenado, a todo apego, a todo afán desmedido de algo. Esto resulta particularmente difícil en la sociedad actual, que considera el consumo como valor prioritario. Es verdad que este desprendimiento total no significa que vivamos hoy igual que en la edad de piedra, pues nos encontramos inmersos en un ambiente laboral, familiar y social del que no podemos prescindir, y que no solo no despreciamos, sino que asumimos para llevarlo a Dios. Pero la libertad de toda atadura que lo esclavice es imprescindible para remontar el vuelo hasta las alturas.[8]

---

[8] «Mientras uno no se desembaraza de todas las criaturas, no es posible aplicar con libertad el espíritu a las cosas divinas. Por esto existen pocos contemplativos, porque son pocos los que saben alejarse enteramente de las criaturas perecederas» (*Imitación*, Libro III, c. 31).

La solución no está sino en el fondo del corazón: «La sabiduría que conduce al conocimiento y, por tanto, al amor de Dios, florece en un corazón limpio».[9] Solo ahí descubrimos la secreta sabiduría.

El corazón *limpio* es, en primer lugar, un corazón pobre, es decir, un corazón *no-satisfecho, anhelante.* Aquel que vive contento de sus propios logros, aquel que ¡por fin! ha conseguido ubicarse en un nivel o *estatus* muy satisfactorio ante sus propios ojos, no logrará nunca ser contemplativo. Es este un riesgo de las personas constituidas en autoridad en la esfera religiosa, o en aquellos temperamentos activos que se complacen en panoramas de logros y de éxitos, tanto en proyectos de apostolado como en la adquisición de virtudes. El corazón pobre, el corazón que se siente y se sabe miserable, el corazón anhelante, es presupuesto imprescindible para los caminos de contemplación que son, por esencia, caminos de desposeimiento. Solo los caminos de ausencia, de indigencia, pueden ser colmados, pues solo ellos son caminos de vacío susceptibles de ser ocupados por otro. Corazones de magdalenas o de samaritanas, no de fariseos ni de sumos sacerdotes, corazones que la conciencia de su

---

[9] SAN JUAN PABLO II, *Homilía,* 14-II-1980.

miseria y de su impotencia se despliega para recibir como protagónica una acción ajena, es decir, divina.

Supuesta esa primaria y radical liberación, la de nuestra propia complacencia en los logros de la vida, analicemos otras libertades que se precisan como disposición para la intimidad divina. Diremos por principio de cuentas que *no se trata del simple carecer de las cosas*, porque eso no libera nuestra alma si permanece el ansia de ellas, sino *de la desnudez y apetito de ellas*, que es lo que realmente la libera. Una vida centrada en la contemplación *es necesariamente totalizante*: Dios o lo religioso no ha de ser ya ahora *un aspecto* de nuestra vida, sino nuestra vida toda. Teresa dice que «no se da este Rey sino a quien se le da del todo»,[10] y Juan de la Cruz habla, para quienes deciden emprender este camino, de *todo* y de *nada*.[11] *El amor* —dice por su parte la canción popular— *es un espacio donde no hay lugar / para otra cosa que no sea amar.*

Alguien podría objetar que eso se pide solo a quienes renuncian al mundo para aislarse entre las protectoras tapias de un monasterio, pero

---

[10] *Camino de perfección* 24, 4.

[11] "Para venir a gustarlo todo / no quieras tener gusto en nada..." (*Subida* 1, 13, 12).

que resulta inaplicable al hombre metido hasta las cejas en el trasiego cotidiano, donde debe luchar para adquirir los medios de subsistencia, de cultura y de seguridad que reclama la vida moderna. Repetimos de nuevo que la clave está en el fondo del corazón: es compatible vivir en un ambiente provisto de todos los adelantos tecnológicos mientras mantenemos la más radical de las renuncias y de las austeridades, porque en cada instante nos negamos a nosotros mismos para afirmarlo a Él, a Dios, como Aquel a quien todo se le rinde, y se le rinde sin medianías y sin discusión. Porque ahora no se trata solo de liberarnos de ataduras en un campo concreto —pureza, templanza, bienes terrenos— sino que debemos conseguirlo en todos, tal como pedía Jesús: «Así, pues, cualquiera de vosotros que no renuncie a todo lo que posee, no puede ser mi discípulo».[12]

Al proceso de liberación de ataduras san Juan de la Cruz lo llama *purificación activa,* porque se trata de realidades que nosotros, *activamente,* podemos dejar. Las *purificaciones pasivas* serán las que Dios envíe para continuar el proceso ascendente de nuestra alma, pero a Él le hace falta que nosotros queramos primero despojarnos de lo que esté en nuestras manos. Si no nos da la gana

---

[12] *Lucas* 14, 33.

hacerlo, Él nos respeta, deteniéndose en el umbral de nuestra puerta, y entonces la historia de amor entra en un compás de espera, hasta que le franqueemos la entrada.

El orden afectivo que se precisa para recibir los dones divinos puede hacernos necesario prescindir incluso de una apetencia tan sublime como un trascendental; por ejemplo, la belleza. No se trata de despreciar los bienes dotados de valor, sino que lo característico de la transformación del corazón es el *amare in Deo,* amar todas las cosas *en Dios.* Esta actitud no solo implica que amemos a Dios por encima de todo, sino que nuestro amor a todas las otras cosas esté incorporado al amor a Dios. Así, por ejemplo, si de la belleza se trata, esa belleza desplegada en la naturaleza o en el arte debería ser disfrutada en Dios, de modo que la plena apreciación de esta nos conduzca de un modo o de otro a la realidad de Dios, pues encontramos en ella un destello de la Belleza infinita.

Hemos, pues, de purificar nuestro corazón dejándolo solo con aquello que lo lleve a Dios y liberándolo de todas las realidades que *lo esclavizan, lo debilitan o lo oscurecen* para la luminosidad divina. Si amamos con pasión, pongamos por caso, la belleza de la música, pero no advertimos existencialmente la conexión que guarda con la Belleza divina, el Espíritu Santo no puede tomar posesión de nosotros mientras no logremos subordinar, como debemos, la una a la otra. Lo mismo podemos decir si perdemos la cabeza por unos *camarones gigantes* o un vaso de whisky, o si seguimos con frenética pasión la marcha de nuestro equipo deportivo, o si mantenemos con fruición desmedida un determinado *hobby* personal. Con sinceridad habremos de preguntarnos si esas realidades nos conducen a Dios o nos suponen un estorbo para ir a Él. «Cuando el corazón está libre de los afectos terrenos, entra triunfalmente en él el amor celestial», explica el arzobispo de México, Luis María Martínez. Y asegura que

> … poseemos a Dios en el punto preciso en que dejamos las criaturas. Cuando el corazón está vacío, cuando el alma está desprendida, cuando se han roto las cadenas que nos unen a la tierra, entonces encontramos al Amado de nuestra alma, entonces Dios nuestro Señor nos llena con su majestad, con su hermosura, con su bondad y sus riquezas inefables.[13]

Vale la pena convencernos que la adicción a que podemos vernos sujetos no se reduce a drogas

---

[13] Luis María Martínez, *El Espíritu Santo y sus frutos,* La Cruz, México 1982, p. 12.

alucinógenas, la pornografía o a bebidas embriagantes. Podemos encontrarnos *enganchados* a cualquier otro tipo de atadura, menos patente pero igualmente esclavizante: la del éxito económico, la del frenesí profesional, la de las redes sociales, la de la juerga o el anhelo de consuelos afectivos. O incluso drogas aparentemente inocuas como la adicción a la tecnología o la de no poder prescindir de cierto descanso. Hay quien es esclavo del reloj, del teléfono o de los respetos humanos. Otros del *estatus* o del modelo de automóvil que poseen (o del que no poseen). Incluso hay quienes lo son de las cervezas o del café. No se trata, como es obvio, de caer en un maniqueísmo que valore negativamente lo terreno, pues Dios nos ha dado este mundo para que lo gocemos, como prueba sensible de que nos ama.

Pero también es cierto que la fascinación de las cosas o las personas puede desorbitarnos, y quedarnos en ella, suponiendo así un obstáculo para descubrir la Bondad, la Belleza, el Amor y la Santidad de nuestro Dios. Entonces, sintiendo desgarrones en el alma, tendremos que buscar los modos de poner tierra de por medio entre nosotros y esa realidad a la que nos hemos adherido desordenadamente. No porque sea mala en sí misma (mucho más si sí lo es), sino porque se ha convertido en un obstáculo entre nosotros y Dios. Tan no es mala en sí misma que viene de Él, para llevarnos a Él. El problema estriba, como siempre, en el desorden del corazón, que ha de purificarse para poder contemplar: «Bienaventurados los limpios de corazón, porque ellos verán a Dios».[14]

En este punto, la enseñanza multisecular de la Iglesia es unánime: un hilo impide la elevación del alma. «Despéguese toda ánima de consuelo humano si quiere que el Espíritu Santo la consuele», dice san Juan de Ávila.[15] Y san Bernardo asegura que «delicada es la consolación divina y muy sutil, y no se da a los que admiten consolaciones humanas».[16] El autor de la *Imitación* explica que no hay otro modo de gozar de Dios sino dejando el gozo de todo cuanto no sea Dios: «Encontrarán la suavísima consolación del Espíritu Santo aquellos que por amor tuyo renuncian a todo deleite».[17] Por su parte, el *Catecismo* repite sin contemporizar la enseñanza clásica cuando dice que «la mirada de fe, fijada en Jesús supone una atención a Él que es renuncia a mí».[18]

---

[14] *Mateo* 5, 8.

[15] *Sermones sobre el Espíritu Santo*, n. 4.

[16] *In Vigilia Nativ. Domini, serm.* IV, 1.

[17] Libro III, c. 11, n. 5.

[18] *Catecismo de la Iglesia Católica*, n. 2715.

El desprendimiento ha de abarcar, pues, no solo a las criaturas, sino también a nosotros mismos. Quizá sea más difícil esto último, pues el riesgo de la afirmación del yo es más sutil, por más interior. De hacerlo, iremos acostumbrándonos a preferir al otro por encima de nosotros mismos; seremos capaces de sonreírle al cargante o endulzar cualquier resentimiento, sobre todo aquellos que parecen grabados a cincel dentro del alma. Hemos de afrontar un camino de destrucción del yo, renunciando para siempre a la vanagloria, a ser demasiado singulares, a buscar cualquier excepción. Un verdadero holocausto, porque seguimos a Cristo, porque *solo muriendo podremos resucitar con Él.* San Josemaría acierta a darnos la regla para saber hasta dónde ha de llegar nuestro desprendimiento. Hemos de erradicar de nuestra vida, dice, todo cuanto no sea medio para ir a Dios, todo cuanto no se oriente exclusivamente para honra y gloria de Dios: «Todo lo que no te lleve a Dios es un estorbo. Arráncalo y tíralo lejos».[19]

Eso nos llevará a prescindir generosamente de una cosa tras otra ajenas al amor. Todas. Mientras

---

[19] *Id*, n. 189. El mismo deseo de totalidad de entrega se lee en *Forja*, n. 108: «Jesús, si en mí hay algo que te desagrada, dímelo, para que lo arranquemos».

no lo hagamos, viviremos como hipnotizados, estragado nuestro paladar por el sabor del sucedáneo, sin gusto para percibir el *amor silencioso* que llega con la contemplación. Podríamos comprender esta doctrina haciéndonos una sencilla pregunta: ¿tengo algún gozo por encima del gozo de *estar* con Dios? Si podemos contestar que no, que nada nos llena tanto como su compañía, que la más apasionante de todas las aventuras es la que vivimos en nuestro interior, vamos entonces por caminos de contemplación. Y es que solo hasta entonces habremos descubierto que Dios es más dulce que cualquier dulzura. O, mejor, que es la única dulzura verdadera: «Si contigo estoy, ¿qué podrá deleitarme en la Tierra?»[20]

Entenderemos también la necesidad de la purificación activa desde la óptica del amor. Todos sabemos que los enamorados buscan siempre darse el uno al otro cuanto pueden, aunque a los ojos extraños esos dones resulten fruslerías. Para ellos no lo son, porque expresan el contenido de sus corazones. Con Dios igual. Podemos

---

[20] *Salmo* 72(73), 25. San Juan de la Cruz: «Cuanto más se fuere habituando el alma en dejarse sosegar, irá siempre creciendo en ella y sintiéndose más aquella armoniosa noticia general de Dios, de que gusta ella más que de todas las cosas» (*Subida* 2, 13, 7).

saber la medida de nuestro amor por el gusto de descubrir más y más algo que darle, aunque sea tan pequeño —aparentemente— como mantener en orden nuestra habitación o pasarnos sin beber agua la tarde entera. Llegaremos a percatarnos así que el amor *no dice basta*, y entonces le daremos a Él todo aquello que entendamos que podemos darle. Sin límites, sin condiciones, sin retraimientos: «Hasta dar un pellejo tras otro por Cristo», decía el Doctor místico[21], porque todo es ahora para Dios un regalo de nuestro amor.

La renuncia es grata porque expresa un amor mayor a lo que se renuncia. Dicho en otras palabras, la negación del yo es la afirmación del otro. Santa Teresita, en su plegaria a María, ofrece una de las mejores definiciones del amor: «Amar es darlo todo y darse a sí mismo».[22] El don completo

---

[21] En la dirección espiritual que san Juan de la Cruz impartía, pedía total desasimiento. En cierta ocasión, una carmelita se acerca donde confiesa el padre Juan y encuentra el siguiente cuadro: doña Ana de Peñaloza, arrodillada, llora como una Magdalena. Fray Juan, con los ojos elevados al cielo, repite estas palabras: «¡Nada, nada! Hasta dar un pellejo y otro por Cristo». Tiempo después, doña Ana de Peñalosa le suplicará que haga el comentario de las estrofas de *Llama de amor viva*, el más elevado de los libros mayores del doctor místico.

[22] *Poesías. Por qué te amo, ¡oh, María!*, estrofa 22.

de uno mismo es el acto de amor por excelencia. Este amor de donación de sí ha sido perfectamente vivido por María, modelo de todo contemplativo: Ella entrega a su Hijo después de haberse entregado a sí misma por completo. Su consentimiento en la Anunciación expresa su total donación, en cuerpo y alma, a la Persona y a la obra de su Hijo, donación sin reservas y para siempre, de su ser físico, moral y espiritual. Todo en Ella es don y, bajo esta luz, podemos también nosotros, que queremos ser contemplativos, hacerle esta petición fundamental: *ayúdame a realizar el don completo de mí mismo.*

La libertad del corazón conduce, pues, al don de sí. Hecho de modo absoluto, indeterminado y frecuentemente renovado, es rigurosamente necesario, indispensable, para que podamos recibir el don de Dios. Dios se entrega por completo a quien por completo se entrega a Él. «El don de sí —asegura un autor contemporáneo— aparece como la clave de la contemplación, de la vida mística y de la santificación».[23] La más central de las funciones maternales de María consiste en hacer que este don sea completo, porque para seguir a Jesús es necesario, en efecto, renunciar a

---

[23] María Eugenio del Niño Jesús, *Quiero ver a Dios*, EDE, Madrid, 2002, pp. 425-433.

todo: a todos los bienes, a sí mismo, a la propia voluntad, a la honra, al reconocimiento ajeno y hasta la propia vida: es necesario perderlo todo para ganar el Reino.

En este camino siempre se ha de caminar para llegar: se trata de ir desprendiéndonos interiormente de lo que retarda la unión total. Cuantos más intereses tengamos al margen de Dios —es decir, desconectados del sentido de su amor—, tanto menor será nuestro interés por el mismo Dios: son amores que restan fuerza al único verdadero amor. De este modo, habremos de lograr que los intereses de nuestros sentidos internos sean moderados por el amor, orientando esos muchos pequeños regalos —estamos enamorados— en la dirección de un ofrecimiento amoroso a nuestro Amado: en mi memoria, ningún recuerdo que me centre en mí, sino que tengo en ella *la continua memoria de Dios y su recuerdo*, pues tal es el contenido de mi corazón. No aparezco yo como el protagonista de las fantasías de mi imaginación, sino que también será Él, Jesús, el personaje de mis sueños, y más y más ocupará todos los niveles de mi psiquismo.

Podemos encontrar igualmente razones de amor en el orden paradójico a que sometamos nuestras pasiones: inclinarnos no a lo más fácil sino a lo más difícil; no a lo más gustoso sino a lo más desabrido, porque de este modo hacemos patente que lo preferimos a Él sobre nosotros. Así las cosas, resultará que el interés en nuestro yo habrá de ir en oposición directa al egoísmo: actuar, hablar, pensar en el sentido del propio desprecio, deseando que los demás hagan otro tanto, porque hemos comprendido que el egoísmo es el mortal enemigo del amor.

Desprendimiento de los modos naturales de obrar

Todo lo que dijimos antes sobre el desprendimiento lo podemos aplicar incluso a intereses relacionados con la misma vida de oración, como por ejemplo anhelar consuelos en ella, o también el deseo de conseguir tal o cual grado en nuestro avance interior. Llegará un momento en que aprendamos a dejar incluso esto en las manos de Dios, confiando que Él nos llevará cómo y por dónde quisiere. Dios busca someter a una purificación hasta la misma forma natural de obrar de nuestro entendimiento, nuestra memoria y nuestra voluntad. Desea que aprendamos ahora a vivir según el modo sobrenatural de proceder de esas potencias, dejándolas "vacías" de sus modos propios para que aprendan a actuar conforme a los suyos. Es el aprender la vida nueva de hijos de Dios que consiste fundamentalmente en el ejercicio de las virtudes teologales y la docilidad a los dones del Espíritu Santo. Por eso nuestras potencias espirituales —entendimiento, memoria y voluntad— necesitan una purificación, como si debieran prescindir de su modo natural de obrar para introducirse en el nuevo, que es el de la contemplación de Dios, anticipo del cielo. Así logra Él hacernos cada vez más suyos: muertos a los condicionamientos terrenos porque gozamos de una vida recién inaugurada y maravillosa: la de Cristo.

> Si habéis resucitado con Cristo… poned la mira en las cosas del cielo, no en las de la tierra. Porque muertos estáis ya, y vuestra vida está escondida con Cristo en Dios.[24]

La purificación de las potencias de nuestra alma comienza por la inteligencia, sometiendo a crisis nuestra racionalidad para que se habitúe a vivir de fe. Es la primera virtud teologal, cuyo ejercicio nos llevará a meternos muchas veces en el mundo sobrenatural, aunque proteste nuestro frío discurso racional. Hemos de comprender que la fe es una manera sobrenatural de la operación

---

[24] *Colosenses* 3, 1.

del entendimiento, por medio del cual asiente a Dios sin apoyarse para ello en su luz natural, y que ahora Dios nos llama a vivir de ella, y ese proceso supondrá una transformación que a veces nos hará dudar.

La fe es «la humildad de la razón»,[25] pues nos exige doblegar la más noble facultad que nos ha regalado Dios para que ella también lo glorifique. El libre examen protestante ha exaltado el orgullo de la razón, al erigir a esta contra el objeto de la fe. Por su parte, la Revolución francesa, al proclamar los derechos absolutos de la razón, ha hecho del ejercicio de la fe un pecado social. Los avances científicos y tecnológicos pretenden situar al hombre como supremo dominador, suplantando de su puesto al Dios verdadero: la fe, si existe, ha de ser solo fe en el hombre y en su ilimitada capacidad de progreso. Todo esto ha motivado que la fe se haga menos sumisa, y el orgullo que nos impide someter la razón levanta un muro en esos lugares donde no se puede penetrar sino por la mirada luminosa de la fe sobrenatural.

Si Dios nos encuentra fieles en nuestra respuesta de fe, continúa el proceso sometiendo ahora a crisis nuestras experiencias, nuestros recuerdos, nuestra imaginación. Busca así liberarnos de nuestras

---

[25] San Josemaría Escrivá, *Surco*, n. 259.

seguridades terrenas para hacer que aprendamos a vivir confiados en Él, es decir, ejercitados en la virtud de la esperanza teologal. Como la esperanza es una operación sobrenatural de la memoria y de la imaginación, descansamos ahora solo en las promesas del Señor, sin dejar que obren nuestras experiencias o recuerdos. Otra vez tendremos que aprender una manera nueva de reaccionar que nos hará sentirnos distintos al hombre que confía en sí mismo y en lo que sabe y puede.

Eso significa también aceptar que los designios divinos para nuestro futuro sean indeterminados, pues la luz trascendente de su Sabiduría deslumbra nuestra pobre capacidad de visión. Dios reserva celosamente el momento preciso para el cumplimiento de su designio y a nosotros nos pide el obsequio de nuestra confianza, que conlleva desapropiarnos de todos los proyectos personales y reserva nuestras energías para realizaciones no solo futuras, sino cotidianas, cuyo modo determina cada día la Providencia, y que permanecen envueltas en sombras respecto al futuro. Este don de sí indeterminado, esta santa indiferencia, lejos de disminuir nuestras fuerzas, contrarresta la dispersión sobre los objetos, y aplica toda la potencia al cumplimiento de la voluntad actual de Dios.

Nuestra esperanza teologal se basa en la certeza de que nuestro Dios es un Dios que actúa, que dirige sabiamente cada historia, por dentro y por fuera, tanto en las mociones y luces interiores como en cada uno de los acontecimientos del entorno. Nos hace ver a Dios como unas Manos poderosas que nos amparan, y que actúan siempre por motivos de amor. Es vernos interpelados por la respuesta que no se formula, sino que se recibe. Es *pasividad*, dejándonos hacer en cuanto recibimos la señal divina, y *actividad*, en cuanto sus dones son motores que ponen en tensión toda nuestra persona.

Inseparable a esa actitud de confiado abandono aparece la caridad o amor sobrenatural, llamándonos a fijar nuestra atención en un único y totalizante Amor. Al ser la caridad una operación sobrenatural de nuestra voluntad por la que esta se dirige a Dios solo, sin querer otro bien fuera de Él, habremos de someter su modo natural de actuar a una variación que la purifique. Eso supondrá para nosotros una desapropiación profunda, que nos llevará a querer sin límites y por encima de cualquier razón al Amor con mayúscula, incluso cuando parece que nos ha probado de más. Con todos estos procesos de vaciamientos profundos —vivir las virtudes teologales, actuadas por los dones— Dios va logrando hacernos más y más al modo suyo, divinizando nuestros modos de actuar. La fe, la esperanza y la caridad han producido el *vacío* en las correspondientes facultades, que proceden ahora de modo propiamente divino, «porque todos los que se dejan guiar por el Espíritu Santo, estos son hijos de Dios».[26]

Es la enseñanza del Doctor místico: «Las cuales tres virtudes todas hacen, como hemos dicho, vacío en las potencias: la fe en el entendimiento, vacío y oscuridad de entender; la esperanza hace en la memoria vacío de toda posesión, y la caridad vacío en la voluntad y desnudez de todo afecto y gozo de todo lo que no es Dios».[27] Vacíos que acaban produciendo las dichosas plenitudes.

No se trata, por tanto, de renuncias particulares o esporádicas, ni tampoco solo de renuncias sensibles, sino de una toma de posición general frente a las cosas, de una renuncia total,[28] de un alejamiento de apegos voluntarios, y de modos naturales de proceder, aunque en la práctica sigamos sufriendo la propia debilidad manifestada en las formas deficientes de responder a Dios.

---

[26] *Romanos* 8, 14.

[27] *Subida* 2, 6, 2.

[28] "¿No presientes que te aguarda más paz y más unión cuando hayas correspondido a esa gracia extraordinaria que te exige un total desasimiento?" (SAN JOSEMARÍA ESCRIVÁ, *Camino*, n. 152).

Los renunciamientos parciales no serán nunca suficientes para la unión definitiva. Aunque entreguemos los tesoros del universo, bastaría que nos guardáramos un céntimo para que nuestro sacrificio fuera vano. El último céntimo es el que nos gana para Dios:

> Solo cuando el hombre, siendo fiel a la gracia, se decide a colocar en el centro de su alma la cruz, negándose a sí mismo por amor a Dios, estando realmente desprendido del egoísmo y de toda falsa seguridad humana, es decir, cuando vive verdaderamente de fe, es entonces y solo entonces cuando recibe con plenitud el gran fuego, la gran luz, la gran consolación del Espíritu Santo.[29]

Proceso en paralelo

En este punto podría aparecer la desilusión en muchos de nosotros. Somos más que conscientes de nuestra incapacidad para superar tal o cual atracción o aquella otra debilidad. Pero no emprendamos ahora otra vez el ataque con la visión reducida del que lucha solo. Porque antes que hablar de renuncia hay que hablar de posesión; antes de nombrar aquello que se deja hay que recordar lo que se abraza. El hombre no se define

---

[29] San Josemaría Escrivá, *Es Cristo que pasa*, n. 137.

por lo negativo sino por lo positivo; no por los amores que hace un lado sino por el Amor que posee. El desprendimiento resulta suave y llevadero cuando lo motiva un amor mayor, y la contemplación nos hace comprender que Dios es fundamentalmente Alguien que da y se da, no un torturador exigente. O más bien, su única exigencia viene dada precisamente por su previa donación, es decir, por su Amor. Esto también se comprende desde un punto de vista teológico, pues la teología enseña que todo movimiento del hombre hacia Dios va necesariamente precedido y motivado por una aproximación de Dios al hombre. Dios no viene *detrás* de nuestro comportamiento pagando y premiando: Él está absolutamente *delante* de nosotros, graciosamente, para darse a conocer, porque sabe que cuando se da a conocer suscita en el alma un deseo irrefrenable de ir a Dios.

Al irnos purificando en nuestros apetitos sensitivos y en nuestras potencias del alma experimentaremos, sí, el síndrome de abstinencia, pero en la contemplación el corazón se llena del Espíritu de Amor, que es de suyo transformante. Podría hablarse de un *proceso en paralelo*, ya que, al meternos Dios en contemplación, el desierto yermo de nuestra alma se convierte poco a poco en campo fértil que produce flores de amor en cada vencimiento, mientras suena para nosotros una deliciosa melodía. La contemplación hace que el mundo divino crezca en mí, y yo solo puedo mirarlo callada y agradecidamente mientras siento que me cerca su Amor por todas partes. Nada ha cambiado en apariencia, pero todo adquiere una nueva dimensión en mi relación con Dios, con los demás y con el universo entero.

Tal estado de cosas (es decir, la capacidad de superar, hasta cierto punto fácilmente, el atractivo de lo mundano) se explica por la actuación más intensa del don de ciencia, que nos hace conocer como experimentalmente la vaciedad de las cosas creadas y su incapacidad para colmar los anhelos del corazón del hombre. Comprendemos así que llegar a unirnos a Dios precisa la negación total, las *nadas* de la literatura mística. Pero ¡qué difícil sería acometer este camino si solo hasta el final, cuando alcanzáramos el último desprendimiento, poseyéramos a Dios! No. Dios no es un torturador que busca adelgazarnos tanto que pueda luego de un soplo derribarnos hasta el suelo. Ni María Magdalena ni la Samaritana estaban muertas a lo mundano cuando hallaron a Jesús. Lo hallaron, se prendieron de Él y pudieron entonces, hasta cierto punto *fácilmente,* llegar hasta el final.

La unión de amor es, sí, la última fase del itinerario espiritual, pero empieza mucho antes y se prolonga indefinidamente. Esta fase final no es solo una etapa, sino la entrada en un ritmo de crecimiento que desborda toda ley. La unión de amor se realiza desde el principio, como que es el núcleo del proceso. Por eso dijimos que no debemos desanimarnos ante el imaginario panorama futuro que augura una lucha sórdida contra nuestros vicios, modos de ser, miserias congénitas. Nuestras armas se sitúan ahora a muy otro nivel que las de antes. Somos capaces de vencer porque los dones del Espíritu Santo nos inundan: las fuerzas para desligar ataduras no son sino de Amor, y la persona toda, al «descubrir la grandeza del amor de Dios —enseña el *Catecismo*—, se convierte mirando al que traspasaron (cf *Jn* 19, 37; *Za* 12, 10)».[30] El depósito del

---

[30] *Catecismo de la Iglesia Católica,* n. 1432. Al tratar del doble modo del amor a Dios —eros y agapé— Benedicto XVI concluye diciendo: «El hombre no puede vivir exclusivamente del amor oblativo (agapé), descendente. No puede dar únicamente y siempre, también debe recibir. Quien quiere dar amor, debe a su vez recibirlo como don. Es cierto —como nos dice el Señor— que el hombre puede convertirse en fuente de la que manan ríos de agua viva. No obstante, para llegar a ser una fuente así, él mismo debe beber siempre de nuevo de la primera y originaria fuente

que extraemos nuestras municiones no es el de la parte externa de nuestro psiquismo, es decir, de la mera continencia hueca, informe, sin el alma del amor, por el solo rigorismo del vencimiento personal. Sería demasiado triste. El secreto de nuestra fuerza surge ahora del fondo del yo, porque tenemos el corazón encendido por el fuego del Amor desplegado en los dones. Antes de decir en el Padrenuestro *hágase tu voluntad* decimos *venga tu reino*. No lo olvidemos porque, de hacerlo, acabaríamos desalentados, abandonando el intento: lo primero es encendernos por la fe, abandonarnos en la confianza, dejarnos poseer por el Amor: y ya después —por ese Amor, con ese Amor, en ese Amor—, la renuncia.[31]

---

que es Jesucristo, de cuyo corazón traspasado brota el amor de Dios» (Enc. *Deus caritas est,* n. 7).

[31] «Para vencer todos los apetitos y negar los gustos de todas las cosas... era menester otra inflamación mayor de otro amor mejor, que es el de su Esposo, para que, teniendo su gusto y fuerza en este, tuviese valor y constancia para fácilmente negar los otros» (*Subida* 1, 14, 2). San Francisco de Sales expresa esa misma idea: «Me es dado combatir el ansia de riquezas y de voluptuosidades carnales, bien mediante el menosprecio que se merecen, o bien por el deseo de los bienes inmortales; y echando mano de esta segunda táctica es como el amor sensual y terreno hará lugar al celestial amor... El amor divino suplanta y somete así las

Abundemos en la teoría sirviéndonos de un ejemplo doméstico: la cocinera deseosa de lavar una olla a la que han quedado adheridos residuos de comida. Puede tallar y tallar, y quizá logre al final limpiarla del todo. Pero acabará agotada, y de tanto tallar quizá dejó raspada la olla misma. Esa mujer tiene, sin embargo, una alternativa: llenar de agua la olla y ponerla bajo la lumbre. Cuando el agua hierva, los residuos se despegarán sin esfuerzo. El alma se sabe amada, y entonces ama, y amando no le importa desasirse de lo que sea porque está encendida de ilusión. San Agustín lo comprendió muy bien cuando dijo: «Las fatigas de los amantes no pesan; al contrario, son motivo de deleite. Por tanto, solo interesa ver lo que se ama, porque cuando se ama, o no se siente el peso, o se ama sentirlo».[32]

Podríamos enfocar este planteamiento antropológicamente: se trata, otra vez, de llegar al corazón, de querer integralmente, no solo con la cabeza, ni solo con la voluntad, ni solo con el sentimiento, sino con toda la persona, es decir, con todo el corazón, con la fuerza del amor logrado. Si nuestra determinación de querer fuera

aficiones y pasiones» (SAN FRANCISCO DE SALES, *Tratado del Amor de Dios*, libro XI, c. XX).

[32] SAN AGUSTÍN, *De bono viduitatis* 21, 26.

solo racional podría acecharnos el peligro del voluntarismo y —como lo sensible no colabora en ese querer— acabaríamos fatigados por el esfuerzo, quizá enfermándonos. Por el contrario, si solo nos dejamos guiar por lo sensible —al margen de lo que dicte la razón— podríamos ser esclavos de las pasiones o, sencillamente, personas sujetas al vaivén de la emotividad. La clave está en recibir el Amor y en corresponder amando con toda la mente, con todas las fuerzas, con toda el alma y con todo el corazón.

Por eso no hay lugar para el desánimo: si quiero, puedo. Basta con mi sinceridad de vida, el encendimiento del corazón por el Amor recibido y, ayudado por la gracia, lo lograré si así lo determino, ya que antes así lo determinó Dios. Es, dijimos, un *proceso en paralelo*: al llenarme de Él en la contemplación, estoy impulsado por la certeza de la fe y la emoción del encuentro y de la unión, y esta fuerza se suma a la dirección convergente de todas las potencias de mi alma. Estamos así ya en el ámbito teologal, y entonces resulta que nos hemos colocado fuera del alcance de la batería enemiga.

Tendremos que confiar de veras porque el desprendimiento que se nos pide es tan total que debe abarcar por completo nuestro yo. Deberemos ahora ser capaces de prescindir no solo de lo que halaga al gusto, la vista o el oído, sino que también nos pide —dijimos antes— trascender el modo natural de obrar de nuestro intelecto, de nuestra memoria, de nuestra imaginación. Pero en esa totalidad de desposeimiento hallaremos la ligereza del paso y la alegría desbordante del que conquista la libertad. Al quedarnos sin nada, ni deseo de tenerlo, entramos en el estado de libertad más profunda y de entrega de nosotros mismos, ya que todo en nuestro psiquismo no anhela sino un solo objetivo. Precisamente porque ya no existe ninguna de las piedras, ni pequeñas ni grandes, que veníamos cargando, se nos hace todo mucho más suave y llevadero; comprobamos con todos los santos que el yugo de Cristo es ligero:

> …si el hombre se determina… a llevar trabajo en todas las cosas por Dios, en todas ellas hallará grande alivio y suavidad para andar este camino así, desnudo de todo, sin querer nada. Empero, si pretende tener algo, ahora de Dios, ahora de otra cosa, con propiedad alguna, no va desnudo ni negado en todo; y así, ni cabrá ni podrá subir por esta senda angosta hacia arriba.[33]

---

[33] San Juan de la Cruz, *Subida* 2, 7, 7.

El desposeimiento que más anhela Dios es el de nuestro corazón. Se trata del reducto más íntimo, que define lo que verdaderamente somos ante Él. Cualquier afecto o inclinación de nuestro querer que sea buscado como complacencia personal, como consuelo humano directamente anhelado, nos impedirá el consuelo divino. En este campo tenemos que ser muy sinceros con nosotros mismos, pues podríamos engañarnos incluso con razones de tipo espiritual. Si notamos, por ejemplo, en alguna amistad, ataduras afectivas incompatibles con el amor divino (nuestra conciencia se encargará de hacérnoslo notar con un quemante remordimiento interior), podríamos justificarnos pensando que *lo que busco con esa persona es ayudarla*. Pero lo que en realidad ocurre es que nuestro corazón anhela esa compañía y se siente halagado por el cariño que le ofrece, por la intercomunicación de mutuos intereses que se han suscitado en el ámbito de repetidas confidencias. Hasta que no logremos desasirnos de tales ataduras (o Dios, en su Sabiduría amorosa, no nos desprenda violentamente de ellas, aun a nuestro pesar), no seremos inundados por el gozo del Amor total. «No solo los bienes temporales y deleites corporales impiden y contradicen el camino de Dios —enseña san Juan de la Cruz— más también los consuelos y deleites espirituales, si se tienen con propiedad o se buscan, impiden el camino de la cruz del Esposo Cristo».[34] El dolor por estas renuncias profundas entonces será tremendo, porque estamos allá sin estar del todo, y seguimos aquí también sin estar del todo. La oración alcanzará entonces la expresión de un grito desgarrador: *¿Adónde te escondiste, Amado, y me dejaste con gemido?*[35]

Terminemos este inciso con un texto de san Josemaría que resume magistralmente cuanto hemos querido explicar aquí:

Si de veras deseamos seguir de cerca al Señor y prestar un servicio auténtico a Dios y a la humanidad entera, hemos de estar seriamente desprendidos de nosotros mismos: de los dones de la inteligencia, de la salud, de la honra, de las ambiciones nobles, de los triunfos, de los éxitos.

Me refiero también —porque hasta ahí debe llegar tu decisión— a esas ilusiones limpias, con las que buscamos exclusivamente dar toda la gloria a Dios y alabarle, ajustando nuestra voluntad a esta norma clara y precisa: Señor, quiero esto o aquello solo si a Ti te agrada, porque si no, a mí, ¿para qué me interesa? Asestamos así un golpe mortal al egoísmo y a la vanidad, que serpean en

---

[34] *Id, Cántico* 3, 5.
[35] *Id, Cántico* 1.

todas las conciencias; de paso que alcanzamos la verdadera paz en nuestras almas, con un desasimiento que acaba en la posesión de Dios, cada vez más íntima y más intensa.

Para imitar a Jesucristo, el corazón ha de estar enteramente libre de apegamientos.[36]

Purificaciones pasivas

Si fuimos fieles en el progresivo desposeimiento, Dios vendrá, dijimos, en sucesivas visitas purificadoras, y nos limpiará donde nosotros no alcanzamos. Esta *purificación pasiva* de los sentidos y del espíritu adquiere múltiples formas, pues Dios envía a cada uno la medicina precisa. Podrá Él purificarnos con la enfermedad o la ruina económica, y valerse también de mil sucesos cotidianos que a veces no sabemos catalogar como venidos de su Mano, y se disuelven en rechazos. Quizá sea el mal carácter del cónyuge, o las diarias incomodidades del tránsito citadino, o la reprimenda del jefe en el trabajo, o una prolongada aridez en la vida interior, o el fracaso de cierta iniciativa apostólica, o la incomprensión de aquel en quien confiábamos, o una carencia involuntaria de tiempo para dedicarlo serenamente a la oración. Dios se vale de todo eso para llegar a donde

---

[36] San Josemaría Escrivá, *Amigos de Dios,* 113.

nosotros no somos capaces: el desprendimiento profundo del yo. Deberemos entender en toda circunstancia que Él está jugando con nosotros y, en lugar de apretar los dientes habremos de sonreír y encogernos de hombros. Metidos en su proceso de purificación, es Él quien guía porque solo Él sabe los caminos del Espíritu: no le echemos a perder sus jugadas.[37]

La *purificación* entra en una nueva *noche*, ya no activa sino pasiva,[38] donde la cruz de la renuncia es enviada por Dios para clavarnos en ella. Dejarse llevar, dejar hacer a Dios vendrá a

---

[37] «La purificación, para ser verdaderamente auténtica, debe ir más allá del campo restringido a lo consciente. La psicología de la interioridad profunda confirma que solo el Espíritu sabe purificar y ordenar la capa inconsciente... al principio aparece la purificación como resultado de los propios esfuerzos voluntarios; luego claramente se manifiesta como obra del Espíritu interior, una obra misteriosamente incomprensible e incontrolable para el alma» (T. GOFFI, *Diccionario de espiritualidad*, voz *Coherencia*).

[38] El beato Álvaro del Portillo testifica que este proceso se dio en la vida de san Josemaría con durísimas pruebas: «Sería muy largo de comentar adecuadamente la riqueza de la vida de oración de este sacerdote, ¡siempre sacerdote!, en la que el Espíritu Santo le llevó a altísimas cumbres de unión mística en medio de la vida corriente, atravesando también durísimas purificaciones pasivas de los sentidos y del espíritu» (Discurso en la Universidad de Navarra, *Sacerdotes para una nueva evangelización*).

ser un auténtico estribillo en nuestro caminar. Dios conduce, hace, varía, sorprende, vuelve, concluye. Nuestro daño está en no descubrir esa economía, en querer ser actores, dueños de nosotros mismos. Hacer la voluntad de Dios viene a ser, en primera y personalísima instancia, acoger la que nos da: dejarnos vivir por Otro.

Hasta cierto momento quizá nos creíamos dueños de Cristo, a quien habíamos hecho el Amado y el Amigo. Nos aferrábamos a Él y lo queríamos para nosotros, y teníamos razón pues a Él le complacía nuestro anhelo. Pero olvidábamos que una elemental regla del amor es no solo poseer, sino también ser poseído. Debimos entonces aprender a renunciar a la más leve sombra de lo personal abandonándolo todo en Cristo: Él debe serlo todo y nosotros nada. Del hecho de que nos posea se sigue la necesidad de nuestro vaciamiento pues, como decíamos, estamos en sus Manos. De nuestra parte fuimos todo lo lejos que supimos, dándole con su ayuda cuanto pensamos posible. Ahora llega Él a abrillantarnos, porque puede penetrar más profundamente en nuestras potencias y quitarnos las imperfecciones que no estaba en nuestra capacidad hacerlo. Aun el que está limpio necesita que el Maestro le lave los pies.

«¿Sabes lo que hago después que mis servidores se hallan unidos en el seguimiento del dulce y amoroso Verbo?» —pregunta Jesús a santa Catalina de Siena. «Los podo para que den mucho fruto y sea más exquisito y las plantas no se vuelvan salvajes. Lo mismo ocurre con el sarmiento unido a la vid, al que el labrador poda para que dé mejor y mayor cantidad de vino... Así lo hago también Yo, buen Labrador. A los servidores míos los podo con muchas tribulaciones para que den más y mejor fruto y quede en ellos purificada la virtud».[39] Podar no es asunto de la planta, sino del Jardinero.

La purificación pasiva puede ser, de acuerdo con la doctrina de san Juan de la Cruz, tanto del sentido como del espíritu. En esta última, la más dolorosa, Dios somete a una nueva purificación, y más profunda, las potencias superiores del alma en cuanto son asiento de las virtudes teologales. Dicho de otro modo, purifica la fe, la esperanza y la caridad haciéndolas más perfectas, precisamente porque las ha *forzado* a entrar en un modo de proceder más y más divino.

RECOGIMIENTO INTERIOR

(Dios) esencial y presencialmente está escondido en el íntimo ser de tu alma (...) ¿Cómo no le

---

[39] *El Diálogo,* 24.

hallo ni le siento? (...). Porque está escondido y tú no te escondes (...) hasta lo escondido donde Él (...) está. Quedando escondido con Él te sentirás como escondido (...) y le amarás y gozarás en escondido y te deleitarás con Él escondido (SAN JUAN DE LA CRUZ, *Cántico espiritual*, B, 1, 6).

Además de la libertad del corazón, para ser contemplativos hemos de vivir en ámbitos de recogimiento y silencio interior: «Hay que saber estar en silencio, crear espacios de soledad o, mejor, de encuentro reservado a una intimidad con el Señor. Hay que saber contemplar».[40] «El recogimiento es el secreto de la vida de oración... La dificultad de la oración está en saber recogerse. Logrado esto, se ha logrado todo».[41] «Del recogimiento depende todo. Ninguna fatiga empleada en esta tarea resulta inútil. Y aunque todo el tiempo destinado a la oración transcurriese buscándolo, sería bien empleado, porque en sustancia el recogimiento es ya oración. Más aún, en los días de inquietud, de enfermedad o de gran cansancio, puede ser bueno alguna vez contentarse con esa oración de recogimiento».[42]

---

[40] SAN JUAN PABLO II, *Homilía*, 20-VIII-1980.

[41] JUAN BAUTISTA TORELLÓ, en el Prólogo de *La vida en Dios*, por un Cartujo, Rialp, Madrid 1956.

[42] ROMANO GUARDINI, *Introduzione alla preghiera*, Brescia 1948, p. 23.

La importancia del recogimiento interior para la comunicación de intimidad con Dios se nos volverá patente si comprendemos esta verdad fundamental: Dios no está tanto fuera cuanto *dentro* de cada uno, y es ahí, dentro de nuestro yo, donde debemos buscarlo, y encontrarlo, y amarlo: y si no conseguimos esos encuentros y esas uniones en nuestro ámbito interior, jamás lo lograremos en el entorno que nos circunda. Fue la experiencia de san Agustín:

> ¡Tarde te amé, oh hermosura tan antigua y tan nueva, tarde te amé! Yo te buscaba fuera y Tú estabas dentro de mí. Y yo afuera, y así por fuera te buscaba; y, deforme como era, me lanzaba sobre esas cosas hermosas que Tú creaste. Tú estabas conmigo, pero yo no estaba contigo...[43]

El alma se recoge cuando, juntando todas sus potencias, entra en sí misma para encontrar a Dios allí. Debemos vigilar con celoso cuidado *para que nunca abandonemos voluntariamente el control de nuestras facultades interiores,* pues en tal caso perderíamos la conexión de nuestro corazón con el divino. Cuando, por ejemplo, permitimos que nuestra imaginación vague sin rumbo (o con

---

[43] *Confesiones,* 10.

un rumbo que nos daña), se produce en nuestra alma una dispersión de fuerzas que la incapacitan para entregarse, como debe, al solo ejercicio del amor. Este es el fin del recogimiento: unificar las fuerzas dispersas y perdidas en un vano despilfarro... para reconcentrarlas en Dios, Huésped que habita en el interior de nuestra alma, tal como lo comprendió una gran contemplativa, santa Isabel de la Trinidad:

> A fin de conservar todas nuestras energías para el Señor, es necesario hacer la unidad en todo nuestro ser por el silencio interior, es necesario recoger todas nuestras energías para ocuparlas en el solo empeño del amor, es preciso tener el 'ojo sencillo' que permita a la luz de Dios iluminarnos.[44]

Restablecida en la posesión de sí misma y en la unidad, puede entonces nuestra alma conversar con su Huésped, que no cesa de invitarnos a las secretas comunicaciones. Pero estas solo serán posibles en el sosiego, en la atención exclusiva, en el recogimiento interior:

---

[44] Santa Isabel de la Trinidad, *Recuerdos de la madre Germana,* p. 269.

La verdadera oración, la que absorbe a todo el individuo, no la favorece tanto la soledad del desierto como el recogimiento interior.[45]

Tiempos de dedicación

Lograr el recogimiento interior requiere la generosa asignación de *tiempos*. Si no aprendemos a *perder el tiempo* con Él —muchas veces, muchos ratos, muchos días— la íntima unión amorosa no será sino una bella ilusión: *quien vive deprisa*, dice el poeta, *no vive de veras*.[46] Debemos tomarnos *tiempos* —a veces prolongados— hasta conseguir la común intimidad entre Él y nosotros. Porque el ejercicio de la oración exige, como requerimiento primero y anterior a cualquier otro (igual que el amor), *el hecho de estar*. Toda extroversión voluntaria —por el frenesí del activismo, por la curiosidad informática, por la intranquilidad de lo que sigue, por el agobio, por la dispersión— es enemigo mortal del contemplativo.[47]

---

[45] SAN JOSEMARÍA ESCRIVÁ, *Surco,* n. 469.

[46] JOSÉ SANTOS CHOCANO, *Nostalgia* (*Quien vive de prisa / no vive de veras: / quien no echa raíces / no puede dar frutos*).

[47] «Mientras nuestra mente estuviere disipada en imágenes carnales, jamás será capaz de contemplar..., porque la ciegan tantos obstáculos cuantos son los pensamientos que la traen y la llevan. Por tanto, para que el alma llegue a

No es posible orar profundamente con un estado psíquico revolucionado, o con la urgencia de *hacer algo* en la oración, o con la prisa de irnos cuanto antes, porque en todos esos casos nuestra alma estará asomada a la ventana de la casa, o en el dintel de la puerta, o corriendo velozmente fuera de casa. Estar dentro, cerrar todos los accesos, y llegar a lo más hondo: entonces podremos orar.

San Anselmo de Canterbury resume el proceso del orante que busca la contemplación del rostro de Dios con las siguientes palabras: «Entra en el aposento de tu alma; excluye todo excepto Dios y lo que pueda ayudarte para buscarlo; y así, cerradas todas las puertas, ve en pos de Él. Di, pues, alma mía, di a Dios: busco tu rostro, Señor; Señor, anhelo ver tu rostro»[48]. El anhelo que Dios mismo ha inscrito en lo profundo de cada corazón busca en el recogimiento interior los destellos de su rostro.

Necesitamos sosegar el espíritu, ya que un río de aguas turbulentas no logra reflejar el cielo: hace falta la serenidad del lago. Los *tiempos* que debemos tomarnos en los estadios iniciales serán

---

contemplar la naturaleza invisible de Dios, el primer escalón es recogerse en sí misma» (SAN GREGORIO MAGNO, *In Ezechielem homiliae II,* 5, 8 y 9).

[48] SAN ANSELMO DE CANTERBURY, *Proslogion,* cap. 1.

fundamentalmente, dijimos, para *estar ahí*, sin otro quehacer fuera de *sentarnos con Él*. Quizá fuera esa la razón única por la que Jesús otorgó tan rápidamente la gracia del perdón a aquella mujer sorprendida en flagrante adulterio que los judíos deseaban apedrear. ¿Qué disposiciones del alma encontró en ella, que venía de pecar, para decirle *no te condeno, vete y no peques más*?[49] Realmente la única disposición que manifestó la mujer fue la de no irse, *estuvo* ahí, con Jesús, incluso luego de que sus acusadores se marcharon uno tras otro. Pudo haber huido al menor descuido, pero no: se quedó junto a Cristo. Nos es válido suponer que el hecho de quedarse, de *estar*, conmovió a Jesús, y recibió ella la misericordiosa efusión del perdón divino.

El tiempo de dedicación será, por tanto y de un modo primario, para *estar* con Jesús. Aquí radica un punto crucial para nuestro progreso oracional. No hemos de olvidar que lo esencial de la oración, su definición mínima es, antes que nada, *estar*. Siguiendo a Teresa, hemos de convencernos que "orar es estar con Dios".[50] Estar con Dios, eso es orar. Y partiendo de allí todo lo que venga podrá también ser oración: mirar, oír,

---

[49] *Juan* 8, 11.
[50] Santa Teresa de Jesús, *Vida*, c. 8.

amar, gozar, adorar, comprender, ansiar, poseer, agradecer... o distraerse, volver, luchar, permanecer... todo podrá llegar a ser oración si empezó todo a partir del hecho originario: *estar.*

Estar con Dios por la sencilla razón de que Él está con nosotros. Un día entró Celina a la enfermería del convento de Lisieux y le preguntó a su hermana Teresa: *¿Qué haces? —Rezo,* contestó esta. *Y, ¿qué dices? —Nada, no digo nada.*[51] Había entrado en contacto: eso es la oración. Tenemos que estar convencidos de la esencia de la oración es entrar en contacto con Dios, estar con Él. *Estamos los dos:* eso es lo importante. Parece incluso algo elemental, pero tiene en su contra un poderoso enemigo: el orgullo utilitarista, que busca medirlo todo en términos de eficacia y de productividad, pero que ignora los cauces del amor. Como lo que pretendemos no es sino la *comunión* con Dios, nuestra oración ha de ser una experiencia de gratuidad, de donación desinteresada: vamos a hacerla fundamentalmente porque queremos sencillamente *estar con Él.* Tal acto 'ocioso', ese tiempo 'desperdiciado', nos recuerda que el Señor está más allá de las categorías de lo útil y lo inútil. Y el amor también.

---

[51] *Últimas conversaciones,* dichos a Celina, septiembre 1897, núm. 2.

Los criterios de eficacia y de resultados los llevamos adheridos a la piel. No sabemos dedicar tiempo y energías sino a lo que es inmediatamente productivo y mesurable. A veces, influidos por nuestra mentalidad pragmática, no tendremos dificultad para orar vocalmente (estaremos contabilizando lo que llevamos de avance, como si se tratara de una cuenta bancaria), y otras vamos a orar para resolver alguna cuestión pendiente, y así resulta que a aquello le encontramos 'utilidad'. Pero en esos casos corremos el riesgo de que no hayamos *estado* con Dios sino con nosotros mismos, porque no ha habido conexión de corazones, encuentro de personas en lo profundo de ellas mismas. Por eso el hombre actual tiene tan pocos amigos; por eso el hombre actual está cada vez más y más incapacitado para los encuentros y la unión. Por eso encuentra tanta dificultad para orar con oración verdadera.

Si la oración consistiera en *hacer algo* quizá no la abandonaríamos tan fácilmente, pues tendríamos el pago de constatar nuestros avances. Además, nos sentiríamos satisfechos, porque es más gratificante ser protagonistas que receptores. Pero lo importante en la oración no es lo que yo hago, sino lo que hace Dios. Si busco *estar* con Él es fundamentalmente para recibir su amor. Gabriel Marcel lo ha dicho magistralmente: *orar es dejarse amar*. Si *estoy* en silencio ante Dios, si permanezco ahí, es para permitirle que *me mire* y que *me ame*. Aunque pueda parecernos pasividad, realmente es actividad receptiva.

Iremos teniendo entonces una óptica más precisa de la oración. Solo en términos de relación interpersonal podremos comprender lo que ella es, pues en el amor lo importante no es lo que se hace ni los temas que se abordan, sino *el gozo de estar con quien se ama*. Las posibilidades de recibir respuestas en la oración aumentan enormemente si Dios nos encuentra *estando con Él*, esperándolo. No se trata de que todo el día permanezcamos junto a un sagrario, pues podemos *estar con quien amamos* en cualquier lugar y realizando cualquier ocupación. Pero sí resultan de fundamental importancia esos ratos de compañía que hemos de lograr en cada una de nuestras jornadas, tiempos serenos dedicados a Dios en exclusiva, para acompañarlo, para comprenderlo, para oírlo o, simplemente, para volver a *estar* con Él, *cuanto podamos*. Hemos de ser sinceros con nosotros mismos, ya que con frecuencia no tenemos empacho para dedicar un par de horas a una película o a un espectáculo deportivo, pero difícilmente, muy difícilmente, estaríamos dispuestos a "perder" ese tiempo en la compañía de Dios. Habremos de ser generosos pensando que cuando lleguemos a la eternidad daremos a estos ratos de atención reservada a Él mucha más importancia de la que les damos ahora. Somos como esos ricos que no saben a cuánto asciende su fortuna, y nosotros aquí abajo ignoramos la riqueza que supone el tiempo para conseguir la gloria.

Lograr la identidad de nuestro mundo con el de Dios nos tomará un tiempo para *sosegarnos*, otro para *conectar*, y otro para *habituarnos*. Quizá muchas veces —lo repetimos de intento— tendremos que *sentarnos frente a Él* sin otro quehacer que *estar ahí*. Esa permanencia nos facilitará continuar luego sin distracción, y nos ayudará a *volver* cuando la imaginación nos haya llevado lejos. El mejor momento y la duración que necesitemos dependerán «de una voluntad decidida reveladora de los misterios del corazón».[52] Con esto nos topamos otra vez con el asunto de liberar de ataduras nuestro corazón, ya que el contenido de nuestro corazón es lo que explica el qué y el porqué de nuestras dispersiones.[53] Debemos

---

[52] *Catecismo*, n. 2710.

[53] «J. Hausherr opina que las distracciones en la oración pueden llegar a tener la misma función para el autoconocimiento que los "sueños": «Las distracciones son valiosísimas debido a las indicaciones que entrañan. Son una especie de "soñar despiertos" con lo que realmente nos "ocupa" (J. HAUSHERR, *Leben aus dem Gebet* (*Vivir de la*

anhelar como única fuente de nuestro interés la vida «escondida con Cristo en Dios»,[54] pues es entonces cuando conseguiremos no ir a la «contemplación cuando se tiene tiempo, sino que se toma el tiempo de estar con el Señor con la firme decisión de no dejarlo»,[55] regresando a ello cuantas veces sea preciso. Hemos de hacer abstracción también, cuando haga falta, de las razones que provocan un alejamiento por la aridez o la fatiga de nuestro psiquismo: «Volverlo a tomar (el tiempo), cualesquiera que sean las pruebas y la sequedad del encuentro».[56]

---

oración). Así como los sueños nos proporcionan una aclaración sobre lo que ocurre en el fondo del alma, lo que se "trajina" en el subconsciente, de la misma manera actúan las distracciones, que provienen precisamente del subconsciente: nos descubren las inclinaciones de nuestro corazón. Si vemos que una y otra vez pensamos en las mismas cosas, en las mismas personas o en hechos determinados, o que siempre damos vueltas en la cabeza a los mismos problemas o a los mismos planes, podemos sacar de ahí conclusiones muy valiosas sobre nosotros mismos. Y tan pronto como de este modo nos hayamos conocido algo mejor, las distracciones disminuirán y seremos capaces de orar con recogimiento» (ANSELM GRÜN, *Oración y autoconocimiento,* Verbo divino, Pamplona 2001, pp. 31-32).

[54] *Catecismo*, n. 2710.
[55] *Ibídem.*
[56] *Ibídem.*

Si somos fieles y permanecemos constantes en esta búsqueda de Dios, el don de la oración contemplativa vendrá a nosotros cada vez con mayor frecuencia. Así como al principio era breve y tardaba en repetirse, gradualmente las intervenciones del Espíritu se harán más habituales en nosotros. Lo que originalmente se daba de modo esporádico, eso que empezó siendo algo extraño, como un acontecimiento desacostumbrado, resulta poco a poco familiar. Incluso cada día, y hasta prácticamente siempre que acudimos a nuestra oración.

Santo Tomás lo resume magistralmente: «Para que el alma llegue a la *uniformidad* de la contemplación (simbolizada por la uniformidad del movimiento circular, sin principio ni fin), es necesario que logre verse libre de una doble diversidad: la que se origina en la *diversidad de las cosas exteriores,* y la *diversidad del razonamiento,* que solo se consigue cuando sus operaciones se reducen a la *simple contemplación* de la verdad».[57] La síntesis incluye los dos requisitos para contemplar: libertad del corazón y recogimiento interior.

Evitar la diversidad de razonamiento es un paso muy importante para lograr el total recogimiento que complementa la libertad del corazón.

---

[57] *S. Th.,* II-II, q. 180, a. 6.

Porque ahora este desposeimiento de algo profundo —hemos tomado la determinación de ocupar nuestro interior con la imagen de Dios en cada instante— nos libera de últimas y peligrosas ataduras. Ya no reside nuestra confianza en los recuerdos y experiencias personales o ajenas, ni en la capacidad creativa de nuestra imaginación, ni en la fuerza lógica de nuestro raciocinio, porque hemos decidido no volver a hacer las cosas solos. Ahora todo lo vemos desde un único prisma: Él, todo es *por Él,* pero también *con Él* y sobre todo *en Él*, pues Él se ha ido metiendo, se ha entrañado en nosotros. Continuamos nuestro trabajo habitual descubriendo ahí los destellos del amor; vemos porque amamos, conocemos la realidad y la transformamos porque Él la transforma en nosotros; porque ahora nuestra alma «mira por los ojos de su Amado». Solo Dios basta, y en Él tenemos la confianza que hace posible la acción de sus dones. Con ellos en las potencias de nuestra alma, llegaremos mucho más lejos y mucho mejor, logrando que nuestra alma *viva en su casa*:

Cuando el alma está recogida en su interior es cuando propiamente se encuentra en su casa. Pero —por extraño que parezca— por lo regular el alma no está en su casa. Hay muy pocas almas que viven en su interior y de su interior; y todavía muchas menos las que viven así de una manera permanente.[58]

Llegamos entonces a la contemplación quieta, en la que el alma ya recogida experimenta reposo. La gracia divina, al encontrar el camino despejado en un corazón libre y en los tiempos de dedicación, ha realizado su tarea y nos ha dado el sosiego que precisamos: «Las potencias —dicen los místicos del siglo de oro— cesen en su operación a las cosas exteriores y obre el ánima». Wordsworth lo expresa de modo parecido cuando dice que «el pensar no existe, porque expiró en la alegría». No hay intermediarios; el encuentro se produce en el corazón: el yo mío se adentra en el Yo de Cristo. No hay mensajeros, ni nada ni nadie, no hay otras imágenes ni otros afectos, no hay interés diverso porque, dijimos, el corazón es uno: en la intimidad, con sencillez y paz profunda, ahí está Él. Los consuelos anegan nuestro interior y nos abandonamos a su influjo suavísimo. San Josemaría invita una vez y otra a intentarlo:

Debéis consagrar día y noche todos los esfuerzos a unir el alma y el espíritu a Dios, nuestro Padre,

---

[58] SANTA EDITH STEIN, *La ciencia de la Cruz,* Monte Carmelo, Burgos 1988, p. 187.

por la oración, por la contemplación con un amor no interrumpido: metidos en Dios los sentidos, la imaginación, las potencias del alma, no tendréis problemas personales y, endiosados, podréis decir: *vivo autem iam non ego, vivit vero in me Christus* (*Ga* 2, 20); no soy yo el que vive, sino que Cristo vive en mí.

Sentiréis entonces un hambre, una sed de Dios que nunca se sacian: y experimentaréis en vuestra vida la verdad de aquellas palabras: *los que me coman quedarán con hambre de mí, y los que me beban quedarán de mí sedientos* (*Si* 24, 29).[59]

Paladeamos entonces la eternidad de Dios, pues estamos liberados no solo del frenesí activista y de las multicolores luces de los atractivos frívolos, sino también de los mundos interiores creados a espaldas de Él. Es ya ahora cuando Jesús, amigo del recogimiento, aparece patente ante nuestros ojos porque su presencia es inseparable de la paz. Desde su Nacimiento la anuncian los ángeles la noche de Belén, y en su despedida la deja como herencia a quienes ama, como testamento de su amor: «La paz os

---

[59] Cit. en BURKHART, E. – LÓPEZ, J., *Vida cotidiana y santidad en la enseñanza de San Josemaría. Estudio de teología espiritual*, Rialp, Madrid 2010, vol. I, p. 339. Carta 6-V-1945, n. 28.

dejo, mi paz os doy».[60] La anuncia resucitado: *Pax vobis!*,[61] y la pone como señal de quienes recibirían su mensaje. La paz es como su sello, porque todo lo que roba la paz no es de Él.[62] Podremos sufrir dolores y penas, estar abatidos en el alma por nuestra enorme miseria o la de los demás, pero la turbación del corazón nunca produce nada bueno y hemos de retirarla pronto. *...dame todos los pensamientos que te inquieten* —podría decirnos Jesús. *Son tuyos y, por eso, no quieras quedarte con ellos. Yo soy un Dios de paz y no de aflicción. Eres el dueño de esos pensamientos: libérate de ellos porque nada ha de ser de tu propiedad: todo debe pertenecerme...* Habrá entonces serenidad en nuestra oración porque hemos sido liberados de nosotros mismos, y esa serenidad a su vez facilitará nuestra oración. Silencio interior

---

[60] *Juan* 20, 27.

[61] *Juan* 20, 21.

[62] «El discernimiento para determinar lo que tiende a Cristo y lo que aparta de Él puede hacerse de muchas maneras. Por ejemplo, toda obra, pensamiento o palabra que vayan mezclados con alguna perturbación no están, de ningún modo, de acuerdo con Cristo, sino que llevan la impronta del adversario, el cual se esfuerza en mezclar con las perlas el cieno de la perturbación, con el fin de afear y destruir el brillo de la perla preciosa» (SAN GREGORIO DE NISA, *De perfecta christiana forma*: PG 46, 283-286).

y paz acabarán por confundirse, y vuelve a ser todo uno en nosotros: contemplar, amar, gozar. La paz interior y la quietud del corazón son el meollo de la verdadera felicidad. Al fin y al cabo, no son sino los frutos sucesivos del Espíritu de Dios en nuestras almas: *Caridad, gozo, paz...*

Recogimiento de las facultades y potencias

Lograr una oración verdadera exige la capacidad de recogernos dentro de nosotros mismos porque es ahí, en nuestro yo profundo, donde habita Dios. Alguien comparaba el psiquismo humano con una casa habitada por muchos niños, y todos alborotadores. Es natural que el desorden que producen los pequeños turbe la casa entera, pero de pronto nos encontramos que a media tarde la casa se halla del todo sosegada, como si no hubiera niños. ¿Por qué? Porque los niños están tomando su merienda.

Algo semejante ocurre en nuestro interior: cada una de nuestras facultades tiene su objeto propio. Las facultades inferiores andan buscando el suyo: la imaginación se dispara por innumerables mundos y no se aviene fácilmente al reposo contemplativo; la memoria busca y rebusca entre sus polvorientos divanes motivos de complacencia personal; la sensibilidad desordenada atacada de improviso y con vehemencia. Pero si cada uno de nuestros apetitos y facultades recibe su golosina, su objeto propio, permanece sosegado. Es verdad que cuando se le acaba el alimento vuelve a alborotar, y reviven las pasiones hambrientas, las desviaciones, las luchas. No hemos, pues, de perder el control voluntario de nuestro interior, sino aprender a sosegar las distintas capas de nuestro psiquismo para que nada nos impida *llegar al propio corazón*, lugar de encuentro y alianza.

Intentaremos ahora ofrecer elementos que nos ayuden en el proceso del recogimiento de cada una de nuestras facultades y potencias. Comencemos por el orden lógico de nuestra estructura psíquica.

Recogimiento de los sentidos externos

Para no perder el control voluntario de nuestro interior, la primera batalla se refiere a las realidades sensibles, al mundo circundante: ¿con qué alimentamos, desde nuestros sentidos externos, el interior de nuestro yo?

En el proceso oracional es imprescindible el recogimiento de los sentidos externos: la vista, el oído, el gusto... De ahí la importancia de la penitencia corporal, que nos permite elevarnos, nos *espiritualiza*. La práctica del ayuno, por ejemplo, no solo ha existido en la Iglesia como medio de purificación y expiación, sino también porque no resulta nada sencillo lograr una vida de intimidad con Dios si estamos ahítos. O si cada viernes vemos una docena de películas considerando que tenemos una gran necesidad de descansar. No solo no podremos aquietar nuestra interioridad sábado y domingo, sino muy posiblemente tampoco nos será posible hacerlo el resto de la semana. Lo mismo podríamos decir si mantenemos la cabeza permanentemente llena de *rock,* o si nos colocamos indiscriminadamente bajo el bombardeo informativo de redes sociales, notificaciones, series, correos...

> Distraerte. ¡Necesitas distraerte! ..., abriendo mucho tus ojos para que entren bien las imágenes de las cosas, o cerrándolos casi, por exigencias de tu miopía... ¡Ciérralos del todo!: ten vida interior, y verás, con color y relieve insospechados, las maravillas de un mundo mejor, de un mundo nuevo: y tratarás a Dios..., y conocerás tu miseria..., y te endiosarás...[63]

Comenzamos por los sentidos externos, principalmente por el que más puede influir en nuestro

---

[63] San Josemaría Escrivá, *Camino,* n. 283.

interior: la vista («Si guardáis la vista habréis asegurado la guarda de vuestro corazón»[64]). A veces incluso la necesidad de no mirar es literal, como les sucede a las personas que cierran sus ojos al volver a su sitio luego de comulgar. El enamorado no quiere mirar sino a quien ama y, cuando lo logra, se goza en ello. Aquel a quien buscamos amar no está fuera, repetimos, sino dentro, en lo más profundo de nuestro corazón. Así razona Teresa:

> ...como quien se halla en un castillo fuerte para no temer a los contrarios: un retirarse los sentidos de estas cosas exteriores, sin entenderse, se le cierran los ojos por no verlas y porque se despierte la vista a las del alma. Así, quien va por este camino, casi siempre que reza tiene los ojos cerrados y es admirable costumbre para muchas cosas, porque es un hacerse fuerza para no mirar a las de acá.[65]

El recogimiento de los sentidos externos se realiza, pues, con su mortificación: *mortem facere,* dándoles muerte. Es en ese sentido, empleando una analogía cósmica de bellísimas proporciones, que san Juan de la Cruz habla de las *noches.* Noche se ha de hacer en cada sentido para que brille la tenue luz de las estrellas y podamos

---

[64] *Camino,* n. 183.
[65] Santa Teresa de Jesús, *Camino de perfección* 28, 6.

contemplar la profundidad de galaxias que distan de nosotros millones de años luz.

Recogimiento de las pasiones

Luego del recogimiento de los sentidos externos habremos de ejercitarnos muchas veces en la pacificación de nuestros apetitos sensitivos. Si al llegar a este nivel de nuestro psiquismo nos encontráramos las pasiones en desorden —ira, afectos desorbitados, odios, sensualidad desbocada, tristezas, temores— no seríamos capaces de ir más a fondo sino hasta que lográramos la recta ordenación de nuestra esfera pasional.

Las pasiones fuera de control nos producen todo género de pensamientos turbadores. Hemos de principiar muchas veces nuestros ratos de oración intentando que estos se pacifiquen a base de un sencillo ejercicio mental: dejarlos que desciendan suavemente, como las palomas que viniendo de la tormenta encuentran su refugio en las hendiduras de la roca[66]. Para ello podrá servirnos repetir oraciones vocales, o iniciar un rato de lectura espiritual, o respirar profundamente varias veces, manteniendo los ojos cerrados... y no afrontar de modo directo la turbación de nuestra

---

[66] Cf. *Cantar* 2, 14.

sensibilidad. Si, por ejemplo, pretendiéramos sosegar nuestros movimientos de ira volviendo sobre el motivo que los produjo, no haríamos sino exacerbarlos. Darles a los apetitos sensitivos un objeto distinto, olvidándonos de eliminar directamente esos molestos visitantes. Dejarlos que reposen y, poco a poco, hacer que aparezca en nuestro pensamiento el objeto de nuestra oración: Jesús, y solo Él.

Manejar adecuadamente nuestras pasiones resultará imprescindible no solo para crecer en la vida de oración sino también para mantener en buen estado nuestra salud mental. Dicen los filósofos que a las pasiones no ha de tratárseles despóticamente, sino políticamente, es decir, no pretender reprimirlas sino de ponerlas a trabajar en nuestro favor. Si viviéramos de modo permanente con las pasiones reprimidas, movidos solo por el dictado de la voluntad, correríamos el riesgo de fatigarnos e incluso de provocarnos rompimientos psíquicos. El hombre es una unidad, y cada una de las partes que lo componen debe apuntar a la misma dirección. Pero ¿cómo lograrlo, si muchas veces el *deber* (objeto del apetito racional o voluntad) no coincide con el *sentir* (objeto del apetito sensitivo)?

Para nuestra fortuna, las pasiones no son racionales (o, mejor dicho, son solo racionales por participación) y por ello tampoco tienen capacidad de decisión. Se mueven de acuerdo con los objetos que les presenta la inteligencia. Estos objetos han de ser sensibles, no inteligibles, pues ellas son, precisamente, apetitos *sensitivos*. Reaccionan de acuerdo con el objeto que reciben, con más o menos fuerza dependiendo de la intensidad del objeto y del grado de emotividad de la persona. ¿Cuál es, entonces, el objeto sensible que podemos presentarles, para que reaccionen siempre en el sentido de la voluntad, es decir, en el sentido del querer de Dios?

Sin duda que el objeto sensible principal es la Humanidad Santísima de Jesús. De ahí la importancia de lograr lo que la espiritualidad clásica llama *oración afectiva*, es decir, oración en la que los afectos se adhieren y *sienten* lo que la Persona de Jesús *siente*.[67] Cuando eso se logra, desaparecen las fuerzas contrapuestas y no hay violencia entre la virtud y los sentimientos, porque hay *connaturalidad*. Santo Tomás dice que nuestro Señor Jesucristo es ejemplo de todas las virtudes y las vivió todas, excepto una: la

---

[67] «Cristo es el Maestro por excelencia. No se trata solo de comprender las cosas que Él ha enseñado, sino de *comprenderlo a Él*» (SAN JUAN PABLO II, Carta *Rosarium Virginis Mariae*, n. 14).

continencia[68]. Esta virtud, que lleva a aguantar o a reprimir una pasión desordenada, no necesitó vivirla: sus pasiones estaban siempre orientadas en la dirección de lo que debía hacer su voluntad. En este sentido resulta de enorme importancia la contemplación de Jesús en su Pasión: no hay desorden de los apetitos —ni irascible ni concupiscible— que no ceda su lugar a la imagen de la humanidad doliente de nuestro Salvador.[69]

Hemos hablado del recogimiento de los sentidos externos y de los apetitos sensitivos. Sobre estos últimos, convendrá insistir en que debemos darles su alimento preciso, un *objeto sensible* que los pacifique y nos permita trasponer la sensibilidad para adentrarnos más en lo profundo. Pero hemos de hacer una aclaración importante, aun a riesgo de adelantar lo que diremos después. El recogimiento de las pasiones no se logra tan sencillamente si el corazón, en el fondo de nuestro yo, se encuentra desordenado. Enviará de continuo a las pasiones aquello que lo ocupa

---

[68] *S. Th.*, III, q. 7, a. 2, ad 3.

[69] «Por eso —dice san Josemaría— he regalado desde el principio tantos libros de la Pasión del Señor: porque es cauce perfecto para nuestra vida contemplativa» (E. BURKHART – J. LÓPEZ, *Vida cotidiana y santidad en la enseñanza de San Josemaría. Estudio de teología espiritual*, Rialp, Madrid 2010, vol. I, p. 380).

e impedirá una verdadera contemplación. De modo que la solución radical para evitar la dispersión ocasionada por las pasiones no llegará sino hasta que el corazón esté libre, pues entonces el Amor de Dios que lo colme hará posible un control habitual.[70] Por ejemplo, nos turba una preocupación, nos afecta una inquietud, nos descontrola un posible evento futuro. Nuestras pasiones están desordenadas. ¿Por qué? Porque en realidad no hemos abandonado del todo en Dios el control de nuestra vida, no acabamos de confiar que Él desea nuestra completa confianza, confianza que brota del amor que le tenemos. Pero mientras eso ocurre podemos facilitar el apaciguamiento de nuestra emotividad sirviéndonos de algunos factores externos, por ejemplo, el sencillo ejercicio mental del traer a nuestra mente la imagen de la Humanidad del Señor, o leyendo libros de espiritualidad que nos faciliten

---

[70] «Donde está tu tesoro, allí está tu corazón, dijo Jesús, y podemos añadir: Donde está tu tesoro, allí está tu ser entero. El secreto del recogimiento y de la presencia de Dios está en el corazón; si el hombre se disipa es porque el corazón no encuentra aún su tesoro; es porque otros afectos disputan aún al verdadero dominio del alma; es porque el amor no ha realizado aun plenamente su obra de muerte y de destrucción» (LUIS MARÍA MARTÍNEZ, *El Espíritu Santo*, La Cruz, México, 1979, p. 72).

las cosas, especialmente el Evangelio. Si la persona de Jesús está *viva,* lo que se dice *viva* (y, por ello mirándonos, sonriéndonos, hablándonos), y la imaginación limpia y libre —porque está limpio y libre el corazón— mantiene esa imagen viva y sensible, y así la transmite al apetito sensitivo —en este caso, al apetito concupiscible— entonces se enardece la pasión del amor a la vista del objeto presente, que es *el Amado,* porque el corazón no tiene ningún otro. Se recompone poco a poco lo que desordenó el pecado, y la alienación en nuestro interior que este produjo se restablece llevándonos a la entereza del corazón y a la unidad de la mente.

Recogimiento de la memoria

Luego del recogimiento de nuestros sentidos externos —vista y oído, principalmente— y de nuestros apetitos sensitivos o pasiones, buscaremos orientar nuestros sentidos internos en una dirección única: ¿cómo lograr el recogimiento de la memoria y de la imaginación?

La memoria suele reflejar los intereses de fondo —nos acordamos de aquello que amamos— y, por tanto, su purificación estará estrechamente relacionada con la purificación del corazón, de la que hablaremos después. Pero ya desde ahora podemos *invadir* voluntariamente nuestra memoria con contenidos que faciliten el recogimiento y, por consiguiente, la oración.

Se trata de lograr que nuestra memoria alcance «como un recuerdo de Dios, un frecuente despertar la "memoria del corazón": Es necesario acordarse de Dios más a menudo que de respirar».[71] Los antiguos Padres del Desierto enseñaron que la consideración incesante de una fórmula, revolviéndola en nuestro interior, resulta útil a este propósito. Especialmente recomendaban el versículo segundo del salmo 55(54), «Dios mío, ven en mi auxilio; date prisa, Señor, en socorrerme». En la efervescencia de innumerables divagaciones, en la imposibilidad de fijar mi atención en un solo recuerdo, en la inestabilidad de mi sensibilidad, en la esterilidad y la aridez producida por mis ausencias... *para librarme de toda esta miseria, de la cual los gemidos y suspiros no pueden desembarazarme, será menester que grite: ¡Dios mío, ven en mi auxilio; date prisa, Señor, en socorrerme...!*

Necesitaremos volver a esas breves y sencillas fórmulas cuando no logremos concentrar nuestra atención y nos parezca imposible variar lo que ocupa nuestra memoria. San Juan de la

---

[71] *Catecismo de la Iglesia Católica,* n. 2697.

Cruz ve en este camino una manera de llegar a la unión de amor lo más rápidamente posible... "porque es un asunto de gran importancia para el alma el ejercitar en esta vida los actos de amor, a fin de que al perfeccionarse en poco tiempo, ella no se detenga largo tiempo, aquí abajo, o allá arriba, sin ver a Dios".[72] En cualquier instante podremos meternos dentro de nosotros mismos y ocupar nuestra memoria con alguna fórmula que eleve nuestra inteligencia, voluntad y corazón hasta Dios.

Algunos santos dejaron excelentes testimonios de ello. Para Teresa fue clave el salmo 89(88): *Misericordias Domini in aeternum cantabo*: «Cantaré eternamente las misericordias del Señor». Este versículo sustentó de continuo su oración, podríamos decir que eternamente. La Santa lo veía repetido una y otra vez en cada paso de su vida. Y respondía a él con toda su alma, con un anhelo vivísimo de cantar las mercedes de su Padre celestial, de hablar de Él a los demás, de rogar a Dios por ellos. Otras veces era el Padrenuestro lo que la metía en alta contemplación:

...no penséis se saca poca ganancia de rezar vocalmente con perfección, os digo que es muy posible

---

[72] SAN JUAN DE LA CRUZ, *Llama* 1, 6.

que estando rezando el Paternóster os ponga el Señor en contemplación perfecta, o rezando otra oración vocal.[73]

El *Catecismo* nos sugiere, en fin, la sola invocación del nombre de *Jesús* como «el camino más sencillo de oración continua. Repetida con frecuencia por un corazón humildemente atento, no se dispersa en palabrerías, sino que conserva la Palabra y fructifica con perseverancia. Es posible "en todo tiempo" porque no es una ocupación al lado de otra, sino la única ocupación, la de amar a Dios, que anima y transfigura toda acción en Cristo Jesús».[74] Nuestro esfuerzo en todo esto es aparentemente minúsculo, pero los resultados son espectaculares: «Comenzad con jaculatorias, que después vendrá la contemplación como no imagináis…»[75]

Recogimiento de la imaginación

Llenaremos luego de contenido nuestra imaginación impidiéndole que *navegue* sin control por mundos fantásticos: «No dejes suelta la imaginación: vive

---

[73] Santa Teresa de Jesús, *Camino de perfección* 25, 1.

[74] *Catecismo de la Iglesia Católica*, n. 2668.

[75] San Josemaría Escrivá, cit. en Pilar Urbano, *El hombre de Villa Tévere*, Plaza & Janés, Barcelona 1993, c. XIV, p. 298.

dentro de ti y estarás más cerca de Dios».[76] Si tantas malas jugadas nos ha ocasionado nuestra imaginación en el pasado llevándonos lejos de Dios, podemos ahora ponerla a trabajar a nuestro favor como invaluable ayuda para meternos en el mundo que no vemos ni tocamos: el de la fe. La facultad imaginativa será muy a propósito para lograr no una fe abstracta, sino una fe viva —fe en una Persona viva, fe *materializada*, dirigida a lograr el hábito de convivir y comunicar con Alguien real y presente, que permanece de continuo con nosotros, y que tiene una realidad *imaginable* ya que posee para siempre una Humanidad Santísima asumida en la Persona divina: el color de su cabello, el tono de su voz, las facciones de su rostro, la luz de su mirada y hasta los metros y centímetros de su estatura—.

Sabemos que hubo un período en la historia antigua que se atacaba el empleo de imágenes para la piedad. El cristianismo, a pesar de ser heredero del hebraísmo, no compartió su *aniconismo*, es decir, el prescindir de toda imagen para representar a Dios. Asumió por el contrario una actitud abierta de defensa y estímulo en lo que respecta al arte de las imágenes. Este arte estuvo —ya desde el siglo I— al servicio de la

---

[76] SAN JOSEMARÍA ESCRIVÁ, *Forja*, n. 1023.

fe, y la producción artística se difundió por todas las partes: la representación de Jesús y de los santos no se hacía solo en los lugares de culto, sino también en los objetos de uso diario: vasijas, monedas, sellos para la correspondencia, etc. El desarrollo enorme y universal del arte, antes de la disputa iconoclasta, y el hecho de que Bizancio estuviera colocado entre dos grandes pueblos anicónicos —el judío por un lado y el islámico por otro— fueron, al parecer, las principales causas de la tensión. Pero los Padres —citamos ahora al Damasceno— justificaron magistralmente el empleo de imágenes para representar a Jesús:

> En otro tiempo, Dios, que no tenía cuerpo ni figura, no podía de ningún modo ser representado con una imagen. Pero ahora que se ha hecho ver en la carne y que ha vivido con los hombres, puedo hacer una imagen de lo que he visto de Dios... con el rostro descubierto contemplamos la gloria del Señor.[77]

Llenos de agradecimiento a Dios, aprovechemos esta herencia de nuestros mayores. Desde los Padres hasta nuestros días, toda la tradición ha empleado el recurso de la imagen sensible

---

[77] SAN JUAN DAMASCENO, *De sacris imaginibus oratio* 1, 16: PG 94, 1245.

de Jesús como modo de acceso a Él. Santa Teresa de Jesús, en particular, es la gran maestra del trato cálido, entrañable, hacia Jesús, representado en la imaginación: «Pueden representarse delante de Cristo y acostumbrarse a enamorarse mucho de su sacratísima Humanidad..., y a quien trabajare a traer consigo esta preciosa compañía y se aprovechare mucho de ella, y de veras cobrare amor a este Señor a quien tanto debemos, yo le doy por aprovechado».[78] ¡Que nuestra inquieta imaginación nos ayude a resultar *aprovechados!*

Recogimiento de la voluntad y de la inteligencia

Lograremos que nuestra voluntad esté recogida porque tiene reposo en la serena aceptación de la Voluntad de Dios. Un continuado sí a todo lo que hoy y ahora nos acontece: *Ni desear nada, ni rechazar nada*, repetía san Francisco de Sales[79]. Es la indiferencia santa que, fundamentada en la virtud teologal de la esperanza, da la certeza de

---

[78] Santa Teresa de Jesús, *Vida* 12, 2.

[79] «Del mismo modo nosotros no debemos desear ni rechazar nada, sino aceptar igualmente todo lo que la Providencia de Dios permita que nos suceda» San Francisco de Sales, *Entretiens spirituels*, Dernier entretien, Ravier – Devos, París 1969, 1319).

que todo viene de una Mano amorosa que dispone solo lo mejor, y a ello se adhiere nuestra voluntad. De ahí que los remordimientos —voces de Dios que nos reclaman en algún sentido— deberán haber sido resueltos para la contemplación, ya que hemos dado (o hemos intentado dar) respuestas afirmativas a sus requerimientos divinos: hasta entonces seremos capaces de mirar de frente, llenos de serenidad, a Aquel a quien buscamos.

Nuestra inteligencia se encuentra también recogida cuando se aplica a lo que debe —afanes cotidianos, responsabilidades familiares, sociales, laborales— desde la óptica de Dios, con la visión de la fe. Los sucesivos ejercicios de recogimiento nos habrán hecho capaces de aprender a ver todo con los ojos del Amado, pues el que ama no solo está lleno del objeto de su amor, sino que sabe ver la realidad entera desde la óptica de aquel a quien ama.

Ahora bien, ¿qué puede impedir el recogimiento de la inteligencia? Fundamentalmente el vicio que los escolásticos llaman *curiositas,* la curiosidad. Es este un factor de particular importancia en la época contemporánea caracterizada por la hipertrofia de la información y los mundos virtuales. Según santo Tomás de Aquino, la curiosidad es *el vicio que lleva con demasiada solicitud a entretenerse en cosas inútiles*[80]. Esta curiosidad está ocasionada por la pereza para las cosas divinas, y hace perder un tiempo precioso, inclinándonos a almacenar conocimientos que en nada contribuyen a la profundidad de nuestro juicio. El criterio de discernimiento al aceptar información y a buscarla a través de nuestros dispositivos electrónicos, lecturas o conversaciones, ha de ser tan solo la contribución que pueden aportar a nuestra profundidad de juicio, es decir, a nuestra capacidad de ver las cosas desde Dios. Si, en lugar de eso la impiden, es muy posible que no podamos contemplar, porque el recogimiento de nuestra inteligencia resultará cuestionado. Interviene aquí de modo particular el don de ciencia del Espíritu Santo, que permite vislumbrar la conexión entre cualquier realidad creada y el Creador.

El defecto de la curiosidad se echa de ver, por ejemplo, en el enganchamiento al mundo virtual, en el afán de información instantánea, en el frenesí de imágenes y sonidos, en la participación en redes sociales, en la atención al chismorreo de vidas privadas, etcétera. En ese *revolutum* deja de percibirse la luz de los primeros principios, y viene a resultar la antípoda de la contemplación,

---

[80] Cf. *S. Th.*, II-II, q. 167, a. 1.

la cual unifica todo desde la causa suprema. Desprendiéndonos de esa vana curiosidad, dándole reposo a nuestra inteligencia para que descanse en las verdades profundas de la fe, podemos dar un paso decisivo en el proceso de interiorización, de búsqueda y de encuentro. Entonces seremos capaces de llegar a nuestro corazón y encontrarnos con el divino, y ahí, en el fondo profundo de nosotros mismos, Dios realizará la unión de amor que anhela. Y que anhelamos nosotros.

Ese ha sido el proceso del recogimiento: comenzando por nuestros sentidos externos, el alma se repliega paulatinamente.[81] Habremos de recoger también el apetito irascible, el concupiscible, nuestros sentidos internos: la imaginación, la memoria... y vendrá poco a poco el dominio progresivo de las pasiones —ira, lujuria, gula, avaricia...— hasta que sea nuestro

---

[81] «Dios mueve todas las cosas al modo de ellas. Para mover Dios al alma y levantarla del fin y extremo de su bajeza al otro fin y extremo de su alteza en su divina unión, halo de hacer ordenada y suavemente al modo del alma..., ha de comenzar a tocar desde el bajo y fin extremo de los sentidos, para así irla llevando al modo de ella hasta el otro fin de su sabiduría espiritual. Y así Dios va perfeccionando al hombre al modo del hombre, por lo más bajo y exterior hasta lo más alto e interior» (San Juan de la Cruz, *Subida*, II, 17, 3-4).

mismo entendimiento el que entre en la tranquilidad que produce la integración de la persona: el entendimiento se serena y su papel es secundario, porque la prioridad se deja ahora al corazón, que ama. Ayudados por la oración vocal, por la lectura espiritual, por la práctica de las virtudes y el afán de reparación, por el ejercicio activo de la contemplación, sirviéndonos incluso por realidades muy materiales —imágenes, contraseñas, la tonada de una melodía...— reinará cada vez más en las potencias de nuestra alma —y cada vez acudirá más fácilmente con nuestro llamado— la dulce figura de Jesús, sus enseñanzas, la presencia viva de María... Bernardino de Laredo usa un expresivo símil para describir el proceso de recogimiento interior, el del caracol en su concha. La imagen que emplea el escritor del siglo de Oro puede servir como síntesis de lo que hemos venido diciendo sobre el recogimiento:

Un caracol sale de su zurroncillo y va donde ha menester y lleva su casa a cuestas, y saca de su cabeza unos como cuernecicos con que se guía...; y si le tocan, por subtilmente que sea, luego hacen reflexión y se entran... Esta vuelta hacia sí, este volverse a sí mismo, eso es hacer reflexión... En esta vía de quietud, tanto significa hacer las potencias reflexión y volverse al centro de donde salieron, cuanto significa decir: las potencias cesen en su operación a las cosas exteriores y obre el ánima[82].

Recogimiento del corazón

Trataremos ahora del recogimiento más profundo: el del corazón. Es el centro recóndito del yo, el lugar donde cada uno está llamado a realizar el encuentro y la unión con Dios. Lograr ese recogimiento exigirá el silencio interior que ha venido facilitando la pacificación de todos los ámbitos de nuestro psiquismo referidos ya en los capítulos anteriores. Porque es en el corazón donde Dios habla, y Él lo hace siempre que este alcance su silencio, es decir, que permanezca limpio de ataduras y de distractores. Veremos ahora algunas ideas para facilitar el recogimiento del corazón.

El *Catecismo de la Iglesia Católica* enseña que «la contemplación es silencio», y que ese silencio «resulta insoportable para el hombre exterior».[83] Dios se revela en el silencio. La vida de la Trinidad se verifica también en el silencio, así como la comunicación de Dios al Universo. En el silencio, Dios se pronuncia a Sí mismo: «Una

---

[82] BERNARDINO DE LAREDO, *Subida del Monte Sión*.
[83] *Catecismo de la Iglesia Católica*, n. 2717.

palabra habló el Padre, que fue su Hijo, y esta habla siempre en eterno silencio, y en silencio ha de ser oída del alma».[84]

Si el espectáculo del Universo se despliega en completo silencio, no será sino un profundo silencio también en que la humanidad glorificada tribute a la glorificación de su Señor Jesucristo. Rezaba así santa Isabel de la Trinidad: «*El silencio es tu alabanza*. Sí, esta es la más bella alabanza porque es la que se canta eternamente en el seno de la apacible Trinidad».[85] También en la Tierra los que se aman gozan más profundamente de sus mutuas presencias en el silencio. Hemos de lograr, pues, el silencio del corazón vigilante, el silencio del *callado amor*[86] que consiste en la orientación permanente de todo nuestro yo en la dirección única del Amor divino. Liberados de las formas del exagerado activismo, de los modos de actuar demasiado ruidosos —inmersos en la cultura del *bluff,* de la hipertrofia informativa y del aparecer—, silenciadas las potencias superiores del alma, desterrados los recuerdos nocivos, serenadas las fantasías sin control, el corazón está dispuesto para reaccionar contra todo afecto

---

[84] SAN JUAN DE LA CRUZ, *Puntos de amor,* 21.
[85] SANTA ISABEL DE LA TRINIDAD, *Último retiro*, día 8, 20.
[86] SAN JUAN DE LA CRUZ, *Dichos de luz y amor,* n. 10.

desordenado y destructivo. Y así, purificado, se llena del único Amor que en verdad lo sacia.

Puede lograr entonces, en esa vertiente del amor, la asimilación al Corazón de Cristo, pues en el silencio —sigue el *Catecismo*— «el Padre nos da a conocer a su Verbo, hasta que llegamos, por el Espíritu filial, a ser partícipes de la oración de Jesús»,[87] es decir, a orar con su Corazón. Hasta ahí nos llevó el silencio: hasta asimilar nuestro corazón al de Jesús.

No se trata, sin más, del *silencio físico* (aunque el silencio físico facilite la contemplación) sino del *rasgo fundamental* de toda oración: *el recogimiento del corazón*.[88] De hecho, ni el ruido de la calle ni el estrépito de la maquinaria industrial son obstáculos que imposibiliten contemplar, con tal que tengamos silencio interior. Lo que nos desvía de Dios no es el cumplimiento de los deberes profesionales, sino todo cuanto agita nuestro espíritu: la ambición, la curiosidad, la irreflexión, las prisas, la envidia, los nervios, la inadvertencia... Jesús en Betania no le reclamó a Marta que estuviera trabajando, sino que estuviera inquieta. De ahí que ni aun en el mayor de los silencios —pongamos por caso, el silencio

---

[87] *Catecismo de la Iglesia Católica*, n. 2717.
[88] *Id*, n. 2699.

de la noche— seremos capaces de contemplar si nuestro corazón está turbado o disperso. Solo el sosiego permite descubrir a un Dios que gusta vivir en lo escondido[89], y comunicarse al alma en el secreto de su mutua intimidad.

De este modo vamos siendo capaces de arribar a lo más recóndito de nosotros mismos: el corazón. Es ahí donde tiene lugar no solo el encuentro sino sobre todo la unión con Dios. Las fases anteriores —guarda de los sentidos, esfuerzo ascético, oración meditativa, traer a Jesús a nuestra imaginación, a nuestra memoria, conocer su palabra— han sido como los escalones previos para bajar hasta el último sótano. Partimos de la calle y nos metemos en la morada subterránea que es el misterio de nuestro ser personal. Dejamos de contemplar el exterior —replegamos nuestros sentidos externos— y ahora la oscuridad interior se hace mayor a medida que bajamos la escalera. Cuando tocamos fondo, estamos en el corazón, en la intimidad de nosotros mismos, en el santuario reservado solo para cada uno con Dios pues Él, como apunta san Agustín, se halla *interior intimo meo*,[90] en lo más íntimo de mi intimidad. Es ahí donde Él habla, donde da de beber, donde

---

[89] «Tú eres un Dios escondido» (*Isaías* 45, 15).
[90] San Agustín, *Confesiones* 3, 6, 11.

revela sus secretos, donde llena las vasijas, donde une, donde fusiona. Por eso, para recibir el don contemplativo, resulta imprescindible el proceso de interiorización paulatina pues «la entrada en la contemplación —enseña el *Catecismo*—, consiste en recoger el corazón, recoger todo nuestro ser bajo la moción del Espíritu Santo».[91]

Se trata, en definitiva, que el mero *encuentro* se vaya resolviendo en *unión*. Emprendemos un proceso de etapas sucesivas: primero la búsqueda, luego el hallazgo, luego la fusión amorosa. *Que busques a Cristo*, dice *Camino*,[92] y cerramos nuestros sentidos externos, evitando la dispersión de la vista, el afán de curiosidad, la extroversión frívola, el descontrol de la lengua... *Que encuentres a Cristo*, y recogemos entonces las potencias del alma porque empezamos a descubrir a Jesús que las visita y, encontrado, lo reconocemos, lo identificamos, nos familiarizamos... *Que ames a Cristo*, y es entonces cuando estamos ya en Su Corazón o, mejor, Él en el nuestro. O, quizá, ambos en el único corazón que existe, pues la plena identidad de quereres hizo de dos uno: el nuestro desapareció cambiado por el de Jesús.

---

[91] *Catecismo de la Iglesia Católica,* n. 2711.
[92] San Josemaría Escrivá, *Camino,* n. 382.

El corazón se recoge cuando está en otro, en el Corazón del Amado. María es la maestra en el arte del recogimiento del corazón porque lo es en el arte del amor. Nadie como Ella se ha introducido en el misterio del Corazón de su Hijo y nadie se ha configurado tan plenamente con él. Nadie ha hecho como Ella ejercicios de asimilación a ese Corazón divino y es, por tanto, en su escuela donde aprendemos las lecciones de la *con-cordia*, de la asimilación de un corazón que descansa en otro.[93]

---

[93] Para este trascendental aspecto de la vida de oración pueden leerse con gran provecho las luminosas palabras del papa san Juan Pablo II en su carta apostólica sobre el rosario: *Recordar a Cristo desde María* (n. 13), *Comprender a Cristo desde María* (n. 14), *Configurarse a Cristo con María* (n. 15).

4. LECTURA ESPIRITUAL Y ORACIÓN CONTEMPLATIVA

LA LECTURA ESPIRITUAL supone un recurso importante para la oración contemplativa por la sencilla razón de que en ella encontramos las experiencias de intimidad divina de tantos hombres y mujeres de Dios que nos han precedido. Como los procesos interiores suelen tener, dentro de su singularidad, grandes paralelismos, esos cauces de los que Dios se ha valido para iluminar a místicos muy bien podrían ser los nuestros. Transitando por ellos descubriremos recursos que nos ayudarán a hacer ejercicios de contemplación, y descubriremos también la tremenda actuación de la gracia que podrá actuar como revulsivo de nuestra somnolencia y darnos a entender lo que hay de más profundo y elevado en una vida verdaderamente dócil al Espíritu Santo. Tan inmenso es el almacén de santidad en nuestra Iglesia que nos faltaría tiempo para descubrir, leyendo, las riquezas del actuar divino en la historia de los hombres. «La lectura ha hecho muchos santos».[1]

Sin embargo, nuestra oración contemplativa exige ser alimentada con un bastimento específico. No cualquier libro espiritual, ni tampoco cualquier modo de leer servirán a nuestra contemplación. Hay escritos de espiritualidad útiles para la oración de meditación y, en ese sentido muy benéficos en orden al progreso directo de las virtudes morales. Pero nos distraerían si lo que Dios desea que nosotros hagamos es contemplar. Encontraremos en esos textos modos de afrontar la lucha ascética —y serán valiosísimos por eso, pues nos habrán dado el armazón que precisamos—, pero no nos llevarán, como queremos ahora, hasta la intimidad del comunicar divino.

Carecer de este tipo de ayuda con la que Dios cuenta es una de las posibles causas que en la práctica cortaría las alas a nuestra contemplación. Podemos sentirnos débiles en ella por mantenernos con auténticas dietas de hambre. Ahora bien, dentro de todos los libros posibles, ¿cuáles son los más adecuados para contemplar? La respuesta es: aquellos que nos ayudan a *meternos* a fondo, *con todo nuestro ser, cabeza y corazón,* en algún tema propiamente contemplativo. Esos temas principales

---

[1] San Josemaría Escrivá, *Camino,* n. 116.

son, como es obvio, aquellos que versan sobre los misterios de Dios: la Humanidad Santísima de Cristo, nuestra identificación con Él, la Sagrada Eucaristía, la Presencia de inhabitación de Dios en nuestra alma, la Santísima Trinidad, las maravillas del Amor divino por la infusión de la gracia, la consideración de nuestra filiación divina, el Espíritu Santo y su acción santificadora, la pasión y muerte de Jesús, las prerrogativas de nuestra Madre Santa María, etcétera.

Podríamos decir que los libros más útiles para ayudarnos a contemplar son aquellos que sirven de *lectura-oración*, es decir, los que nos meten, repetimos, *con todo nuestro ser, cabeza y corazón,* en algún tema propiamente contemplativo. Decimos *un* tema (en singular), porque otro riesgo para la contemplación es carecer de línea, es decir, picotear un día en un asunto, al día siguiente en otro, y luego en otro distinto, como la mariposa que vuela de flor en flor. Habremos de tener una cierta idea de por cuál de los misterios divinos querrá Dios que nos introduzcamos en la situación de nuestra vida presente, para darle la oportunidad de que *nos pesque* por ahí, si es que Él quiere valerse de ello para hacerlo. A Dios le dificultaríamos aún más las cosas si día tras día cambiamos de objeto contemplado, como el enfermo que variara cotidianamente las píldoras porque no confía en los tratamientos prolongados. Aunque también es cierto que a veces Él tomará del todo las riendas de nuestro comunicar, y nos hará transitar por vías del todo insospechadas e imprevistas. Entonces habrá sencillamente que dejarlo hacer, permaneciendo pacientemente a la escucha.

Dijimos que los temas propiamente contemplativos son los que versan sobre los misterios de Dios, y de un modo especialísimo, sobre los misterios del Dios encarnado. Habrá que decir también que, además de la importancia del *tema* en sí mismo, debemos atender a *la manera* como el libro lo aborda. Cada uno de nosotros habrá de descubrir su propia sensibilidad, pero será difícil para el común de los mortales que nos sintamos movidos a amar, pongamos por caso, a través de un tratado esquemático de teología especulativa, donde no se da lugar (ni tiene por qué darse) al corazón. Mucho más útil a nuestro propósito (aunque, repetimos, no hay reglas generales) resultará el libro que trata del misterio de Dios, pero desarrollado por el escritor de acuerdo con su propio sendero de oración, mismo que, digerido en largos ratos de unión divina, nos lo entrega para facilitarnos las cosas. Este fue el modo de escribir de los Padres de la antigüedad, que hacían de la teología vida, y así la presentaron para utilidad de todos. Medrar con lo hecho por otros es posible pues los hombres, siendo únicos e irrepetibles, dijimos, tenemos senderos comunes.[2]

Por lo que respecta al *modo* de leer, tendremos que decir que la lectura que alimenta la contemplación exige uno preciso. En ella habremos de hacerlo con ánimo de unirnos al Señor, y por eso buscaremos más el sabor que la ciencia, la profundidad sobre la extensión. Como lo que pretendemos no es instruirnos sino amar, nuestra actitud irá más allá de la mera *lectura*, y trascenderá también el solo *reflexionar* sobre lo leído: se trata de saber *escuchar* la Palabra personal y viviente que es el Verbo, pero escuchada y dicha *para mí* (para cada uno en lo personal), en el secreto de la intimidad, descifrando el amor que *para mí* (para cada uno) esa palabra contiene: «Las palabras que Yo os he dicho son espíritu y vida».[3] O sea, que cuando leemos con ánimo contemplativo, nuestros ojos se deslizan sobre el texto pero nuestro corazón está dispuesto a recibir. Esta actitud puede denominarse *receptividad*

---

[2] Y también será una gran fuente alimentadora de nuestra contemplación ver lo que Dios hace en otras almas que 'nos acompañan' por este camino: además de aleccionador, es también un consuelo descubrirlo a Él en aquellos que ha querido para Sí.

[3] *Juan* 6, 64.

amorosa: Dios encuentra en nosotros un corazón abierto por la fe y la confianza, con capacidad para aceptar agradecido —alma de niño— cuanto escucha en el fondo de sí mismo.

Tal actitud de receptividad supone un continuo entreverarse Dios y cada uno, entre sus luces y nuestras respuestas. Para ser contemplativos debemos lograr que Él deje de estar *enfrente* de nosotros para ser un *Alguien* completamente involucrado con nuestra persona. *Enfrente* de nosotros hay casas, árboles, montañas, objetos múltiples. Todos ellos aparecen ahí, *enfrente* de nosotros, como algo distinto de nuestro ser. No llegaremos nunca a contemplar si, mientras leemos, Dios permanece *enfrente* de nosotros, como realidad *objetiva*, sin que nos dejemos involucrar personalmente por Él. Con lo que leemos —o mejor, a Quien buscamos al leer— hemos de saber crear *vínculos* que supongan influjos mutuos y den lugar a experiencias reversibles. Para lograr la receptividad amorosa, nuestra actitud deberá trascender la visión de Dios como *objeto* (*ob-iacere*, estar fuera), constituyendo en cambio ámbitos de realidad entre Él y cada uno de nosotros.[4]

---

[4] Estas ideas están tomadas de las obras del padre Alfonso López Quintás, que lo ejemplifica con un instrumento musical, digamos un piano. Un piano, como mueble, es un

objeto. Como instrumento, no. En cuanto mueble, se halla frente a nosotros, podemos palparlo, medir sus dimensiones, comprobar su peso. Como instrumento, *solo existe para quien sabe crear un ámbito con él,* es decir, para quien es capaz de asumir las posibilidades que ofrece de crear formas sonoras. Al entrar el artista en juego con el piano, este deja de estar fuera de él dando lugar a un acontecimiento de encuentro que es, precisamente, la obra interpretada. Y como del piano pueden extraerse innumerables expresiones musicales, ¡cuánta mayor riqueza de encuentros y de uniones, de *mundos,* podemos lograr al dejar que se produzca la acción de intimidad entre el alma y Dios!

5. LA HUMANIDAD SANTÍSIMA
DE CRISTO, PRIMER CAMINO
DE ORACIÓN CONTEMPLATIVA

Si en todos los modos de orar está presente Jesús como Palabra del Padre, la centralidad de la Persona del Señor en la oración contemplativa es directa e inmediata, pues en ella buscamos la unión con Él por el amor: «En la contemplación... la mirada está centrada en el Señor... la contemplación es mirada de fe, fijada en Jesús... la contemplación busca al amado de mi alma (*Cant.* 1, 7). Esto es, a Jesús...»[1] «...porque somos enamorados y vivimos de amor, traemos puesto el corazón en Jesucristo Nuestro Señor».[2]

La Humanidad Santísima de Cristo es la vía de acceso para la oración porque en Él, verdadero

---

[1] *Catecismo de la Iglesia Católica*, nn. 2709, 2715.

[2] *Carta* 24-III-1931, cit. en E. Burkhart – J. López, *Vida cotidiana y santidad en la enseñanza de San Josemaría. Estudio de teología espiritual*, Rialp, Madrid 2013, vol. III, p. 563.

Dios y verdadero hombre, nos ha sido dado llegar a la unión de intimidad divina partiendo de algo tan familiar como sería cualquiera de quienes amamos: Jesús es *uno de nosotros*. De ahí que entre tantos motivos de agradecimiento al Señor por haber tomado nuestra carne no debamos olvidar este: haciéndose hombre nos ha simplificado notablemente nuestra referencia a lo divino: Dios se ha hecho al modo nuestro: «...es gran cosa mientras vivimos y somos humanos, traerle humano», explica Teresa[3].

Nuestra oración contemplativa se reduce en este estadio de arranque (si le pareció bien al Espíritu Santo *arrancar* desde ahí: en realidad puede hacerlo de donde le plazca) se reduce, decíamos, a los elementos escuetamente esenciales: presencia de dos interlocutores, Jesús y cada uno de nosotros. Este encuentro se realiza y se mantiene en el marco de lo estrictamente personal: la intimidad, el corazón. Jesús es *humanísimo*, si pudiéramos hablar así, totalmente accesible para la comunicación interpersonal, siempre en el calor de la proximidad del Amigo, del Amado. Nosotros, contemplando, experimentaremos también muchas veces el ambiente cálido que nos hará decir, como a Teresa: «¡Oh, qué buen

---

[3] Santa Teresa de Jesús, *Vida* 22, 9.

Amigo hacéis, Señor mío!"[4] Y es que en Él, en Jesús, encontramos reunidos todos los variados goces que, aislados, nos proporciona la compañía y la conversación de cuantos amamos: "Él se aposenta a sus anchas en nuestra alma. Como en Betania, nos habla y le hablamos, en conversación confiada, de amigo».[5]

Orar es entonces estar el uno con el otro, acompañándonos, viviéndonos en relación mutua de presencia y comunicación. Vamos a lo esencial: la persona de Jesús, lo *traemos* donde nosotros estamos. «Procuraba lo más que podía traer a Jesucristo nuestro bien y Señor, dentro de mí presente, y esta era mi manera de hacer oración», dice también Teresa.[6] Y san Josemaría reza: «Señor..., te pedimos que no te escondas, que vivas siempre con nosotros, que te veamos, que te toquemos, que te sintamos, que queramos estar siempre junto a Ti...»[7]

Hemos de convencernos que vivir junto a Él —o *traerlo*, al decir de Teresa— no es *suponerlo*, como si nos hiciéramos la ilusión de que está con nosotros: es *caer en cuenta que realmente está,*

---

[4] *Id,* 8, 6.
[5] SAN JOSEMARÍA ESCRIVÁ, *Via Crucis,* VII Estación, 5.
[6] SANTA TERESA DE JESÚS, *Vida* 8, 6.
[7] *Forja,* n. 542.

descubrir su Persona, percibirla en nuestra inmediatez. No hablamos con un muerto, ni —como hacen a veces los niños en sus juegos— con una figura de plástico o de cartón. Nuestra conversación se establece con una Persona viva y presente, porque Jesús existe, lo que se dice existir, con una existencia personal más verdadera y real que cuanto vemos.[8] Él vive, con su cuerpo glorioso, mostrándonos las huellas de los clavos y la lanza, y resucitado sale a nuestro paso, porque así es como está en el cielo y en la hostia, y se hace el encontradizo, como cuando salió al paso de la Magdalena en el sepulcro y de los apóstoles en la ribera del mar:

> ...si es imagen, es imagen viva; no hombre muerto, sino Cristo vivo; y da a entender que es hombre y es Dios, no como estaba en el sepulcro, sino como salió de él resucitado...[9]

No *imaginamos* la presencia de Jesús; la *advertimos,* pues luego de muchos ejercicios de contemplación —de rondar las murallas donde Él se

---

[8] "Creo más que si te viera con mis ojos, más que si te escuchara con mis oídos, más que si te tocara con mis manos" (*Entrevista sobre el Fundador del Opus Dei,* Rialp, Madrid 1992, p. 166).

[9] SANTA TERESA DE JESÚS, *Vida* 27, 8.

esconde— nos contesta con una moción, gracia de contemplación infusa. Es el *dulce sobresalto*[10], la exclamación de reconocimiento y alegría que se produce en el instante de tomar conciencia que Él se encuentra de hecho aquí... *¡si estás conmigo aquí y ahora, Jesús, de modo real!... ¡y has permanecido todo el día en mi interior!... ¡también en el instante que esto leo, te descubro presente!...* con el dolor por nuestro olvido: ¡pero yo no he estado contigo!... ¡te tuve abandonado!... y la dicha del reencuentro: ¡qué alegría comunicarnos, Señor!... y el propósito: ¡nunca más te *dejaré!* "La contemplación es... despertar la fe para entrar en la presencia de Aquel que nos espera".[11]

Insiste Teresa:

> Pueden representarse delante de Cristo y acostumbrarse a enamorarse mucho de su sacratísima Humanidad..., y a quien trabajare a traer consigo esta preciosa compañía y se aprovechare mucho de ella, y de veras cobrare amor a este Señor a quien tanto debemos, yo le doy por aprovechado.[12]

Para muchos en esto radicará la *chispa* que encienda su ser contemplativo, la gracia que, como

---

[10] *Amigos de Dios*, 296.
[11] *Catecismo*, n. 2711.
[12] *Vida*, 12, 2.

dijimos antes, hemos de anhelar. Amar a Jesús *con un dulce sobresalto* es la sorpresa y el gozo de saber con certeza que Él, en unión de intimidad, está conmigo, y está comunicando. Junto al estupor del prodigio me invade la emoción de su cercana compañía; mi ser completo se colma entonces de contento y gratitud. En nuestra oración se ha producido lo que tanto buscábamos porque, al fin, hemos *conectado*.

Cada alma se convierte así en la única y el proceso del amor divino deviene como todo proceso del amor humano, que es de dos, solo de dos. No sin razón entendemos aquí también aquella revelación primitiva: somos imagen de Dios, semejanza suya, y el amor divino no puede tener ni otro nombre, ni otra ley, ni otros modos distintos al amor humano. Viviremos en los pronombres, *yo, tú; tú, yo*: nada ni nadie más, porque para los que se aman así no hay nada ni nadie más en el mundo. La contemplación nos llevará a la seguridad de que es así, pues el amor infinito, aun dirigiéndose a todos, a la multitud, es infinito para cada destinatario, y por lo tanto único, irrepetible, exclusivo del alma individual. *Yo, tú*: vivir en los pronombres.

Actuar de tal manera nos supondrá en la contemplación de Jesús-hombre algo así como arrancarlo con nuestra fe y nuestro amor del pasado histórico (hombre que vivió en Palestina en fecha remota), para tratarlo vivo y presente en nuestra cotidianidad. O bien como bajarlo del cielo donde está a la derecha del Padre, a esta vida nuestra que es la suya, oyendo el jadeo de su respiración y el palpitar de su pecho, poniendo en crisis —eso es la fe— lo sensorial y lo comprobable, la sensatez y la prudencia humana.

Se habrá dado con ello en nuestra alma, de forma más intensa, el despliegue de los dones del Espíritu Santo,[13] concretamente de los dones de entendimiento y sabiduría. El primero, para hacernos percibir de modo nuevo y más vivo el misterio de su presencia, no solamente como seguridad especulativa sino también existencial. El segundo, para hacernos gozar con la dicha de esa percepción. Es el desarrollo de los procesos de Dios en el alma, el camino querido por Él para todos, por las vías ordinarias de su gracia. Este camino es un camino común, universal, pues todos estamos invitados a dejar hacer al Paráclito lo que Él quiera, y lo que quiere es hacernos felices

---

[13] «La contemplación infusa *no depende de nosotros,* sino que procede de la especial inspiración del Espíritu Santo más o menos manifiesta, pero indispensable en este caso... la inspiración especial no es solamente una gracia actual más poderosa» (Reginaldo Garrigou-Lagrange, *Las tres edades de la vida interior,* Palabra, Madrid 1975, p. 887-8).

llevándonos a la intimidad divina, por medio del Dios hecho Hombre.

Muchas existencias quedarán truncadas en su proyecto de oración si no llegan a este momento, ya que hasta entonces no se habrá producido en ellas el *gusto* de estar con Jesús, a quien amamos. Los proyectos de vida de oración fracasan cuando no logramos *disfrutar* de los ratos de cercana compañía —porque la presencia de Jesús no es viva—, y entonces le dedicamos el mínimo tiempo posible y una atención superficial, no personal sino indirecta, de vaga referencia. No nos ha hecho clic la verdad de su comunicación, de su afecto, de su donación, de su consuelo. En definitiva, la verdad de su *estar*.

Hasta entonces no acabaremos de aprender la lección de *perder el tiempo* con Jesús, y nos sigue inundando la sensación de que lo único importante en nuestra vida es *hacer cosas*. Deberíamos buscar con persistencia la recepción del don divino que se manifiesta en *el gusto de estar con Él,* simplemente porque Él está con nosotros. Dejar que estalle el haz de sentimientos que sobrevienen del encuentro y del trato amoroso con Jesús, ya que el Espíritu Santo puede moverse ahora libremente en nuestro interior. Al lograrlo, al percibir el *dulce sobresalto*, al experimentar el encuentro de corazones en flujo de contenidos de ida y vuelta, entonces sabremos que estamos transitando por caminos de contemplación, tal como enseña san Francisco de Sales:

La oración se dice meditación hasta el momento en que se produce la dulzura de la devoción; desde ese instante pasa a ser contemplación.[14]

Dulce sobresalto... Teresita habla del *grito de reconocimiento y amor,* «para mí, la oración es un impulso del corazón, una sencilla mirada lanzada hacia el cielo, un *grito de reconocimiento y de amor* tanto desde dentro de la prueba como desde dentro de la alegría que me dilata el alma y me une con Jesús».[15] Y Juan de la Cruz habla de *toque de centella: A zaga de tu huella / las jóvenes discurren al camino / al toque de centella / al adobado vino, / emisiones de bálsamo divino.*[16]

Grito de reconocimiento y amor, centella, dulce sobresalto... son —explica el Doctor místico— el «toque sutilísimo que el Amado hace al alma a veces... de manera que la enciende el corazón en fuego de amor, que no parece sino una centella de fuego que saltó y la abrasó; y entonces con

---

[14] *Tratado del amor de Dios,* libro VI, c. III.
[15] SANTA TERESA DE LISIEUX, *Manuscritos autobiográficos,* C 25r.
[16] *Cántico B,* c. 25.

grande presteza, como quien de súbito recuerda, enciéndese la voluntad en amar y desear y alabar y agradecer y reverenciar y estimar a Dios con sabor de amor». Después vendrá la *suave embriaguez* que produce el *adobado vino,* como resultado que queda luego de esas visitas del fuego de las chispas: «Es de saber que esta merced de la suave embriaguez no pasa tan presto como la *centella,* porque es más de asiento».[17] Y entonces resulta nuestro trato con Jesús *más de asiento* porque es ahora lo ordinario en nuestra vida, y es sereno, habitualmente acompañado no ya del sobresalto de la novedad sino de la paz del amor probado, aunque no por eso menos cautivante: se nos ha quedado ya para siempre una suave embriaguez que nos invade. Todo ha sido obra de las *efusiones de bálsamo divino;* el Espíritu Santo que se derrama en los corazones por la acción más intensa de los dones que nos han hecho posible la contemplación de que vivimos.

Enamorarse de Jesús es más que amarlo

Paulatinamente —porque lo experimentamos— iremos captando que la contemplación no se queda en el amor como fruto del raciocinio, sino

---

[17] *Ibidem.*

que alcanza todas las fibras de nuestro ser, incluidas las emociones, las ilusiones, la vibración del corazón, y resulta entonces amor de enamorado. La oración de meditación nos ayudó a alcanzar el primer estadio —amor racional—, y pudimos entonces cumplir todos los preceptos de Dios, señal inequívoca de que lo amamos: la manera más elemental de demostrar que amamos a alguien es sin duda hacer lo que él ordena. Pero sería algo triste que nuestra forma de comunicar con el Amor de los amores no fuera más allá, es decir, que el amor sustentado en el intelecto derivara solo en simples normas, sin permitirle que inundara también con su ardiente fuego nuestra alma y nuestro corazón, la totalidad de nuestra persona desplegada en su completa capacidad de amar. Quizá sea esta una diferencia entre lo que significa simplemente *amar* y lo que significa *estar enamorado*.

Que Jesucristo sea Persona —y Persona viva— nos salva del planteamiento meramente legalista de la religión. Podríamos amar un código porque lo cumplimos, pero no podríamos —estando cuerdos— manifestarnos *enamorados* de una reglamentación, trastornados por una ley o un precepto. No puedo enamorarme sino de alguien como yo, de alguien que sea capaz de arrebatar mi corazón uniéndolo al suyo:

entonces es cuando la divinidad baja hasta mi altura dándome la oportunidad de conseguirlo. Estar enamorado es amar, sí, pero amar sin restricciones, con intenso deseo de identificación y unión permanentes. El enamoramiento añade al amor intelectual y operativo *la pasión de amar*, el éxtasis totalizador de la persona: y así nos quiere hallar Jesús en cada instante, y para eso nos concede sus dones.

Será esa la razón por la que el amor reclamado por Él es tan completo que incluye la mente y las fuerzas, el alma y el corazón:[18] imaginación, memoria, entendimiento, voluntad, despliegue de potencialidades y de tiempo. Sí, todo esto, pero más: pide también embeleso y emoción, ilusión y sentimiento; fuego de amor. Sin pasiones no podemos vivir en este mundo, y con cualquier otra pasión estaríamos en riesgo de ofender a Dios. Quizá hasta entonces —hasta que al amor sea también pasión— podremos decir que estamos de verdad enamorados.

Los dones contemplativos —especialmente el de Sabiduría— lograrán que nuestro amor por Jesús se torne tan intenso que robe el corazón, porque la carne y la sangre, la mirada y el rostro, las llagas, la sonrisa, las lágrimas o

---

[18] Cf. *Marcos* 12, 30.

el Corazón humano de Jesús nos transportan a la misma divinidad. Aquí experimentamos la más consoladora derivación para nosotros de la Unión Hipostática, de la singularidad del Salvador como Único, como no-doble: al amarlo en su Santísima Humanidad lo amamos también como Dios. En una mirada de unos ojos de carne descubrimos la mirada divina, en un rostro humano, la Faz de Dios: «Felipe, quien me ve a Mí, ve al Padre».[19] Esto es todo en nuestra contemplación, como el apóstol Tomás, que «vio a un Hombre y creyó que era Dios».[20] «La luz del rostro de Dios —enseña san Juan Pablo II— resplandece con toda su belleza en el rostro de Jesucristo».[21]

Dios es ahora uno de nosotros, uno de aquellos con quienes cada día conversamos, convivimos, intimamos. La oración no es sino eso: con la mirada fija en el Señor, despierta «la fe para entrar en la presencia de Aquel que nos espera»,[22] percibiendo su Humanidad, se produce la mutua comunicación de intimidad: «Juntos andemos, Señor; por donde fuereis tengo que ir;

---

[19] *Juan* 14, 9.
[20] SAN GREGORIO MAGNO, *Homiliae in Evangelia* 26, 8.
[21] SAN JUAN PABLO II, Enc. *Veritatis splendor*, n. 2.
[22] *Catecismo de la Iglesia Católica*, n. 2711.

por donde pasareis, tengo que pasar».[23] Jesús es una Persona viva, cercana y presente, que sonríe —nos sonríe—, que habla —nos habla—, que escucha y cautiva: *sigue siendo el de entonces,*[24] numéricamente el mismo, *heri et hodie idem, et in saecula.*[25] Por eso podemos enamorarnos de Él como realidad personal, en su verdad de Dios y en su verdad de hombre. O, mejor, al enamorarnos de Jesús en su verdad de hombre (esto resulta mucho más al alcance de nuestro ser corpóreo) nos encontramos amándolo también en su verdad de Dios: «Nadie puede amar una cosa a menos que pueda rodearla con sus brazos», repetía Fulton Sheen. Jesús se pone a nuestra altura, y ese Dios encarnado —nuestro Dios— era el único Dios de quien podíamos enamorarnos, porque nuestra pequeñez no da para más: «Debido a la debilidad de la mente humana, explica santo Tomás, y del mismo modo que necesita ser conducida al conocimiento de las cosas divinas, así también necesita ser llevada al amor, como de la mano, por medio de algunas cosas sensibles que nos sean fácilmente conocidas, y entre ellas la principal es la Humanidad de Cristo, según

---

[23] Santa Teresa de Jesús, *Camino de perfección* 26, 6.

[24] San Josemaría Escrivá, *Surco*, n. 233.

[25] "El mismo ayer, y hoy, y siempre" (*Hebreos* 13, 8).

lo que se dice en el Prefacio de Navidad: "Para que conociendo a Dios visiblemente seamos por Él arrebatados al amor de las cosas invisibles"».[26] *Como de la mano,* somos conducidos del amor humano al divino, sencillamente porque nos ha regalado el maravilloso instrumento de su Humanidad, y a nosotros, que somos humanos, nos parecerá muy fácil el acceso, desde ahí, a lo divino: «es gran cosa mientras vivimos y somos humanos, traerle humano», exclama santa Teresa,[27] y nos confía su propia experiencia:

> Comenzóme mucho mayor amor y confianza de este Señor en viéndole... veía que, aunque era Dios, que era hombre... y así, en todo se puede tratar y hablar con Vos como quisiéramos.[28]

La asidua contemplación —*en viéndole*— nos enciende a mucho mayor amor, y el amor fundamenta la confianza, permitiéndonos tratarlo y hablarle *como quisiéramos*. Es la confianza del amor y la fruición de la presencia. Los que han experimentado alguna vez —aunque fuera hace mucho tiempo— la dicha de un amor humano

---

[26] *S. Th.,* II-II, q.82, a.3, ad 2.
[27] *Vida* 22, 9.
[28] *Id,* 37, 6

intenso, no necesitarán demasiadas explicaciones: *Da mihi amantem et sentit quod dico*, escribió san Agustín.[29] Parafraseándolo, nosotros podremos decir: 'si tu corazón ha amado mucho, te será fácil entender cómo contemplar a Jesús, cómo tratarlo'. Incluso podemos ir más allá y acordar que el enamoramiento humano es una prueba de la existencia de Dios, es decir, una primera e inmediata teofanía. Enamorarse es una primera e inmediata teofanía porque la existencia de Dios y su modo de ser queda manifestado no solo por el Universo que Él creó, sino porque existe la dicha del amor, pues ¿cómo no va a existir un Amor absoluto como fuente de toda felicidad, si tengo ahora una inmensa felicidad porque amo? Si el amor se experimenta ya existiendo como algo así, ¿qué sentido podría tener no amar, en lugar de amar?

> *Hoy la tierra y los cielos me sonríen:*
> *hoy llega al fondo de mi alma el sol;*
> *hoy la he visto..., la he visto y me ha mirado...*
> *¡Hoy creo en Dios!*[30]

---

[29] "Dame uno que haya amado y comprenderá lo que digo" (*Tr. 26, sup. Ioann*).

[30] G. A. Bécquer, *Rimas*, n. XVII.

De modo que todos los procedimientos empleados en el amor humano bueno y limpio serán válidos ¡y mucho más! para lograr el amor divino. *...como eres hombre, Jesús, y el que más amo y en quien más confío, y tú me amas y confías en mí, en todo puedo tratar y hablar contigo como quisiera...* Boylan tiene mucha razón cuando escribe que «el lenguaje del amor humano, despojado de su tosquedad, es la única forma de expresión que satisface la necesidad de exteriorizarse que algunas almas sienten». Y aclara este autor que

> ...no todos orarán de ese modo, pero para aquellos a quienes les es natural, las hermosas formas de expresión del amor humano son modelos excelentes para nuestra conversación con nuestro Señor. Él quiere poseer nuestro corazón y darnos su Corazón, y todas las palabras que pueden ayudar a este fin constituyen una oración perfecta.[31]

Y, ¿qué medios ponen en práctica los enamorados cuando quieren conquistar un amor humano, bueno y limpio? Todos nosotros podríamos referirlos: el primero es la personalización que surge del encuentro. Una vez individualizadas las personas viene el trato, que lleva al conocimiento

---

[31] EUGENE BOYLAN, *Dificultades en la oración mental*, Rialp, Madrid 1951, p. 67.

mutuo, a la conversación de intimidad, a las acciones de servicio al otro, a cualquier expresión cariñosa que el amor invente... regalos, besos, poemas, música, canciones...

> Todo cristiano debe buscar y tratar a Cristo para poder amarlo. Pasa como en el noviazgo: el trato es necesario, porque si dos personas no se tratan, no pueden llegar a quererse. Y nuestra vida es de amor.[32]

Volvemos, pues, a lo de siempre: dedicar todo el tiempo posible a *estar* con Jesús en exclusiva, a encender nuestra fe para descubrirlo vivo, a emplear nuestra imaginación, nuestra memoria y nuestra sensibilidad como medios de búsqueda, a tratarlo por todos los modos posibles, a no gastar nuestro corazón en amoríos. Situarnos frente a frente con Jesús, de tú a tú, en la soledad del recogimiento y en la libertad del corazón, para que se agiganten las figuras, la de Él y la nuestra, porque lo sustancial son las personas y solo ellas. *Solas con Él solo*, dice Teresa,[33] *asidas solo a Él*.[34] Porque tenemos que asirnos a otro para sostener nuestra debilidad, a otro, una Persona, pues no nos curamos

---

[32] San Josemaría Escrivá, *Forja*, n. 545.
[33] *Vida* 36, 30.
[34] Carta a Ana de Jesús, 30 de mayo de 1582.

con menos que con las relaciones interpersonales y estas de tal categoría que el otro nos trascienda, porque no está aquejado de la misma finitud. Ese asirnos, 'abrazarnos', no se da sin el acostumbramiento mutuo, sin la familiaridad que viene del trato confiado, profundo y duradero. Por eso nuestra oración reclama los *tiempos* para *vernos* con Jesús, tiempos para la donación y la espera de sus visitas. De entrada, nos ayudará a fijarnos —y aprender— modos del actuar humano que patentizan tantos romances limpios.

Se produce entonces, enseña san Juan Pablo, «una asiduidad que pudiéramos llamar "amistosa". Esta nos introduce de modo natural en la vida de Cristo y nos hace "respirar" sus sentimientos».[35] *Vaciar* el contenido de su Corazón en el mío, algo así como cuando lleno un dispositivo con la información electrónica que contenía otro. Es la lógica del amor humano que se vuelve a lo divino:

Los que se quieren, procuran verse. Los enamorados solo tienen ojos para su amor. ¿No es lógico que sea así? El corazón humano siente esos imperativos. Mentiría si negase que me mueve tanto el afán de contemplar la faz de Jesucristo. *Vultum*

---

[35] *Carta Rosarium Virginis Mariae,* n. 15.

tuum, Domine, requiram, buscaré, Señor, tu rostro. Me ilusiona cerrar los ojos, y pensar que llegará el momento, cuando Dios quiera, en que podré verle, no como en un espejo, y bajo imágenes oscuras... sino cara a cara. Sí, hijos, "mi corazón está sediento de Dios, del Dios vivo. ¿Cuándo vendré y veré la faz de Dios?"[36]

La mirada

Dijimos que al tratar a Jesús debemos evitar el riesgo de no personalizar. Eso significa que, aun supuesto el caso de que sea Él con quien hablamos (y no con nosotros mismos, o con una especie de nebulosa indefinida), corremos el peligro de tratarlo como en frío y a distancia, es decir, sin novedades, ni emociones, ni descubrimientos, sin lograr una especial comunicación, una *común-unión* recíproca. Si cuando oramos lo hacemos en el anonimato no conseguiremos, por principio de cuentas, *ver* al Señor *vivo y presente* ante nosotros.

Dios nos ve, aunque nosotros no lo veamos, pero nos pide —eso es la fe— que lo tratemos de frente, cara a cara, exactamente igual que si lo viéramos con nuestros ojos de carne. Desde los comienzos mismos de la oración debemos centrar

---

[36] San Josemaría Escrivá, en Pilar Urbano, *El hombre de Villa Tévere,* pp. 479-480.

nuestra atención primordial en la Persona. Jesús no se revela al alma que se encuentra esclavizada por innumerables intereses. Debemos evitar la dispersión, no perdernos en la escenificación, en los razonamientos ni en las consideraciones, en la multiplicidad de los accidentes. Necesitamos llegar cuanto antes, con la mayor sencillez y hondura, al *hecho* de orar: encontrarnos con Dios, hacernos presente a Él o, mejor, *caer en la cuenta* de Su Presencia. Eso, dijimos antes, es *estar*.

Hay un *estar*-estático y un *estar*-dinámico, uno de fotografía y otro de video. Y es en el movimiento de la película, en la animación de lo vivo, donde debemos situar nuestra oración: porque estamos en una *película* trasladada a la realidad más real posible, ya que *sacamos* de la película al personaje principal —Jesús— y lo hacemos compartir nuestro momento. Por eso, en el modo dinámico de *estar*, hace su aparición, por principio de cuentas, el tema de la *mirada*, que al simple *estar* añade intensidad, alma, vida, comunicación. Dios me mira y yo lo miro: mirada mutua, mirada envolvente. «"Yo le miro y Él me mira", decía a su santo cura un campesino de Ars que oraba ante el Sagrario».[37]

---

[37] *Catecismo de la Iglesia Católica*, n. 2715. El *Catecismo* recoge la anécdota del viejo labriego Chaffanjon, feligrés en Ars, a quien el santo párroco Vianney había contagiado

Se trata de buscar, en una palabra, la receptividad amorosa, recíproca, en una mutua mirada envolvente: "Oración, que se expresa frecuentemente en una mirada: mirarle y sentirse mirado».[38]

Al emplear en nuestra oración contemplativa la realidad de la *mirada,* el agradecimiento nos sale espontáneo porque no partimos de algo abstracto: contamos con *la mirada de Jesús.* Derivación emocionante de la Unión Hipostática: la mirada de un Hombre es la mirada de Dios. Muchas veces nuestro primer paso en la contemplación será intentar descubrir esa mirada del Señor. No es el único modo ni necesariamente el que Dios dará a todos, pero es uno de los posibles, a fuer de sencillo: como le resulta fácil y natural al niño pequeño dejarse envolver por la mirada de su madre, adivinando en esa luz el cariño que le tiene.

Así que al hablar de mirada no hemos de pensar en una etérea mirada espiritual del Dios

---

su continuo fluir de oración como verdadero encuentro con Dios. Un día entró el cura en la iglesia y, como se percatara que el campesino permanecía largos ratos frente al Santísimo Sacramento, le preguntó: «¿Qué haces ahí tanto tiempo? Estoy mirando a Dios —respondió el hombre— y Él me mira» (JEAN FABERGUES, *El Santo Cura de Ars*, Rialp, Madrid 1991, p. 145-6).

[38] SAN JOSEMARÍA ESCRIVÁ, *Carta* 29-IX-1957, cit. en SALVADOR CANALS, *Ascética meditada*, Rialp, Madrid 2004, p. 141.

siempre presente. Busquemos sin más *los ojos de Jesús*, sus ojos de carne, los que tiene en su rostro y con los que en este instante (y en todos los instantes de nuestra vida) nos mira. Los ojos que me miran (¡a mí!) desde la Cruz, o esa mirada que se cruza con la mía cuando tiene los ojos cubiertos por la sangre que desciende de la corona de espinas recién clavada: «La contemplación es *mirada* de fe, fijada en Jesús».[39] O la mirada de profunda paz cuando prepara el desayuno en el amanecer de la ribera del lago, o cuando aguarda a la samaritana, sentado en el brocal del pozo de Jacob, porque ese es el pasaje que llevo días intentando contemplar, y solo hasta hoy he conseguido captar algo mejor la misericordia infinita en el rayo de luz de esa mirada. O, más frecuentemente, descubriré la mirada que Él, Jesús, posa sobre mí en el libro del "hoy" de mi existencia. ¿Cómo será, en el presente mío concreto, ahora que está mirándome, en el instante actual que leo esto, cómo será, digo, la mirada del Señor? ¿Descubro en el fondo de ella el modo en que aparece ¡para mí y ahora! el Corazón de Dios? «El Maestro pasa, una y otra vez, muy cerca de nosotros. Nos mira... Y si le miras, si le escuchas, si no le

---

[39] *Catecismo*, n. 2715.

rechazas, Él te enseñará cómo dar sentido sobrenatural a todas tus acciones».[40]

Existe una inmediata relación entre la *mirada* de Jesús y su *petición* al alma: *si le miras... si le escuchas...* Esa relación la descubrimos cuando contemplamos, y nos lleva al deseo de responder, al deseo de darnos, de entregarnos. Porque lo descubierto en la mirada es sencillamente la Voluntad de Dios para nosotros —aquella Voluntad que buscábamos al mirar, para identificarnos con ella. Y es entonces cuando de la oración contemplativa pueden brotar propósitos para la mejora personal de la existencia diaria gracias a la meditación, aunque no sea eso lo esencial: «En la contemplación se puede también meditar, pero la mirada está centrada en el Señor».[41]

Santa Juana Francisca de Chantal recomendaba a las formadoras, para ellas y para sus alumnas, una regla de oro:

> Tened vuestros ojos fijos en el Maestro, trabajad junto a Él. Enseñad a vuestras hijas a que miren mucho a sus ojos hasta que olviden sus propias ideas y aprendan a pensar, a actuar y a trabajar con Él, a través de Él y solo por Él.[42]

---

[40] SAN JOSEMARÍA ESCRIVÁ, *Vía Crucis*, VIII estación.

[41] *Catecismo de la Iglesia Católica*, n. 2709.

[42] SANTA JUANA FRANCISCA FRÉMYOT DE CHANTAL, *Les Vrais Entretiens Spirituels*, 3, 340.

Así llegará a ser para nosotros el tema de la *mirada* uno de nuestros recursos más frecuentes para contemplar. Lo ha sido para los grandes contemplativos, que gozan al descubrirla, y nos invitan a hacer lo propio. Citemos de nuevo a Teresa. Para ella el tema de la *mirada* es una de las categorías que más frecuentemente usa, y también con más gusto, para definir el acto de orar. Con esta palabra indica radicalmente la actitud de la persona puesta en oración. Poniéndonos en soledad, ¿qué pide ella? ¿Qué tenemos que hacer? «No os pido ahora que penséis en Él, ni que saquéis muchos conceptos, ni que hagáis grandes y delicadas consideraciones con vuestro entendimiento; no os pido más que le miréis»[43]. Esta actitud de presencia, mirar dentro, intensamente, es nuestra respuesta a Dios en la contemplación. Él, *mirándome está.*[44] Los que oran *están viendo que los mira.*[45] La Santa une en una sola frase la actitud de Dios y del hombre: *Mire que le mira.*[46] Mirada de amor, respuesta a otra mirada previa, envolvente. Orar es tomar conciencia de

---

[43] *Camino de perfección* 26, 3. Poco más adelante volverá a escribir: "No ha menester alas para ir a buscarle, sino ponerse en soledad y mirarle dentro" (28, 2; cf. 26, 4-5).

[44] *Vida* 11, 11.

[45] *Id.* 8, 2.

[46] *Id.* 13, 22.

un Dios que vive vuelto hacia nosotros, atento a cada uno, mirándonos.

Justamente, para facilitarnos el mirarlo a Él, Teresa da estas tres razones que definen al "otro", a Dios: «Nunca quita vuestro Esposo los ojos de vosotras...; está aguardando que le miremos»; y, por último, «tiene en tanto que le volvamos a mirar, que no quedará por diligencia suya».[47] Son razones, cree ella, suficientes y poderosas para facilitarnos el acto de oración, la mirada de Dios: Él nos mira, y al hacerlo, multiplica sobre el alma su acción estimulante, aguardando entonces la respuesta de nuestra mirada: ...*que sea tal tu intimidad conmigo que te baste ver mi mirada para saber lo que quiero decirte. Es la connaturalidad de quienes se aman.*

EL ROSTRO

Quien contempla pasa casi insensiblemente de la mirada al rostro. Es como lograr que se complete el cuadro porque el rostro dice más que la mirada: la integra. Explican los sabios que Dios no quiso dejar en el Evangelio dato alguno sobre la fisonomía de nuestro Redentor para que así Él fuera *realizado* en la personal formulación

---

[47] *Camino de perfección* 26, 3.

de cada corazón que lo buscara. De ahí que esta labor sea más difícil que la de captar la mirada, porque el rostro completa la personificación de Jesús de acuerdo con nuestra semejanza a Él, de acuerdo con nuestra docilidad al Espíritu-Modelador. «Si quieres salvarte —enseña santo Tomás de Aquino— mira el rostro de tu Cristo».[48]

La fisonomía divina de Jesús, aquella fisonomía íntima que los ángeles anhelaban contemplar, que nadie comprende y cuyos rasgos se adivinan a través de su rostro humano cuando apareció en la tierra, es la misma fisonomía del Padre, así como su Corazón de carne deja traslucir para nosotros el insondable amor divino. Al fin, toda nuestra eternidad consistirá tan solo en la visión intuitiva y sin mediación de Dios: *cara a cara*; y esa cara del Padre la tendremos realizada ahora, *contemplativamente,* en el rostro de Jesús: «La luz del rostro de Dios resplandece con toda su belleza en el rostro de Jesucristo».[49]

Podemos en ocasiones estar lejos de la verdad en la oración, pues en lugar de volvernos hacia Dios nos dirigimos a algo que imaginamos ser Dios. Debemos esforzarnos por buscar el verdadero Rostro de Jesús, para que nuestra relación con

---

[48] *Comentario a la Ep. a los Hebreos* 12, 2.
[49] San Juan Pablo II, Enc. *Veritatis splendor*, n. 2.

Él se verifique: de otra manera aguardaremos en vano el *dulce sobresalto*[50]. Muy a menudo, nuestra percepción de Jesús se limita a un estereotipo (o a varios) que hemos elaborado en nuestros contactos, en nuestras lecturas, y aun en nuestras experiencias personales. No es que resulten despreciables, porque esos moldes hacen referencia a verdades dogmáticas, a escenas de su vida o a representaciones artísticas en la pintura o en la escultura. No son inadecuadas, pero sí incompletas: el Verbo de Dios encarnado no se encierra en fórmulas fijas o en representaciones estáticas. Él es único para cada uno, y es único e irrepetible en cada oración y en cada circunstancia de nuestra existencia. La contemplación supera clichés y descubre la riqueza infinita de la Persona que se nos hace presente con la variabilidad de un Amor siempre nuevo. Si queremos encontrar a Jesús tal como Él es, debemos ir con nuestras armas abatidas, en actitud de fe viva, con sosiego y libertad de corazón, dispuestos a un encuentro de dos personas que deben ser en verdad ellas mismas.

¿Será posible para nuestra débil fe *realizar* el Rostro del más hermoso de los hijos de los hombres? ¿Qué expresión adquiere una Faz que

---

[50] San Josemaría Escrivá, *Amigos de Dios,* n. 296.

expresa toda la Bondad, toda la Misericordia, toda la Ternura? ¿Cómo es, en definitiva, una Cara reveladora del Amor infinito? Aproximarse a ella es tarea personal, de quien quiera intentarlo, ayudado por la gracia que siempre es abundante para los que creen en el Amor infinito. De nuestra parte se nos invita a acometer el intento, con un anhelo superior a cualquier otro, teniendo la audacia de desear aquí y ahora lo que será uno de los gozos de la eternidad. En cierta ocasión preguntó fray Juan de la Cruz a la hermana Francisca de la Madre de Dios: ¿En qué trae la oración? *En mirar la hermosura de Dios y holgarme de que la tenga*, contestó la monja. Y fray Juan, entusiasmado con este pensamiento, comenzó a decir maravillas de la belleza divina:

Gocémonos, Amado / y vámonos a ver en tu hermosura / al monte y al collado / do mana el agua pura; / entremos más adentro en la espesura / y luego a las subidas / cavernas de la piedra nos iremos, / que están bien escondidas, / y allí nos entraremos / y el mosto de granadas gustaremos[51].

En todo caso cualquier anhelo, cualquier sueño, cualquier realización que logremos será menos

---

[51] Cf. CRISÓGONO DE JESÚS, *Vida de San Juan de la Cruz*, BAC, Madrid 1976, p. 192-3.

perfecta que la verdadera. Jesús no es la encarnación de cualquier rostro, sino del rostro más cautivador y profundo, porque es el rostro de Dios. «A través de los signos de su presencia —enseña el *Catecismo*— es el rostro del Señor lo que buscamos» (n. 2656). «Tengo ansias de ver a Jesucristo, de conocer su rostro. Tengo hambre de encontrarme con mi Dios...»[52]

Al final —entendámoslo— se trata de enamorarnos de *una persona*. No nos es posible enamorarnos de un código moral, aunque sea tan perfecto como el Decálogo. Tampoco de una fuerza indeterminada, aunque se trate de una fuerza benéfica. El cristianismo no es una concepción del mundo, y ni siquiera una regla de vida; es la historia de un amor que recomienza en cada alma. Para nosotros, fascinados por la belleza que brota de un rostro entrevisto en la oración contemplativa, la verdad no es una idea a la que hay que servir, sino una persona a la que hay que amar: «No se trata aquí solamente de escuchar una enseñanza y de cumplir un mandamiento, sino de algo mucho más radical: adherirse a la persona misma de Jesús».[53]

---

[52] Palabras de san Josemaría, en ANA SASTRE, *Tiempo de caminar*, Rialp, Madrid 1989, p. 554.
[53] Enc. *Veritatis splendor*, n. 18.

Pues Jesús es *el Amado*. Así lo es para nosotros porque lo es para el Padre: *...se oyó una voz desde la nube que decía: Este es mi Hijo, el Amado, escuchadlo.*[54] En esto nos parecemos nosotros al Padre, o, más bien, el Espíritu Santo re-produce en nosotros los sentimientos del Padre respecto a su Hijo. Cuando en nosotros se despiertan deseos de amor hacia el Hijo hemos de comprender que solamente pueden proceder del Padre, y este es un hecho grandioso y lleno de misterio: el amor del Padre por su Hijo le lleva a crear almas para que sigan amando al Hijo, el Amado del Padre: *Padre, Yo les he revelado tu nombre, para que el Amor con que Tú me amaste esté en ellos, y Yo en ellos.*[55]

El Padre demuestra su amor al Hijo derrochando en nosotros su mismo amor por Él. El Padre comunica a nuestras almas sus propios anhelos hacia el Hijo y nosotros los convertimos en adoración, fidelidad, unión con su Pasión, identidad con Jesús a través del Espíritu Santo. Entonces, si hemos sabido dejar que el Paráclito transforme poco a poco nuestras almas, si no hemos dudado de estas llamadas a su intimidad, se despertará cada vez más impetuosamente el

---

[54] *Marcos* 9, 7.
[55] *Juan* 17, 26.

mismo deseo del Padre, el ferviente deseo de amar al Hijo, de adorar y alabar a nuestro Salvador, nuestro Redentor, nuestro Amado.

> Es Cristo *El Amado*, esto es, el que antes ha sido, y ahora es y será para siempre la cosa más amada de todas... porque ni una criatura sola, ni todas juntas las criaturas, son de Dios tan amadas, y porque Él solo es el que tiene verdaderos adoradores de Sí.[56]

Y a nosotros —metidos en contemplación— nos llenará de alegría descubrir que el Amado tiene un rostro humano, gracias al cual y a través del cual descubrimos la Faz de Dios. «Cuando hablamos del rostro de Cristo nos referimos a sus rasgos humanos, en los que resplandece la gloria eterna del Unigénito del Padre: la gloria de la divinidad resplandece en el rostro de Cristo».[57] Él se abaja tanto a la pequeñez de nuestro ser material que nos permite acceder a la divinidad en la realización personal de un rostro físico, el rostro de un hijo de Adán como nosotros.

> Trata a la Humanidad Santísima de Jesús... Y Él pondrá en tu alma un hambre insaciable, un deseo 'disparatado' de contemplar su Faz. En esa

---

[56] Fray Luis de León, *Los nombres de Cristo*, Libro 3, Amado.
[57] San Juan Pablo II, *Alocución,* 12-I-2003.

ansia —que no es posible aplacar en la tierra—, hallarás muchas veces tu consuelo.[58]

¿Qué horizontes se abren para nosotros con estas palabras? ¿Cómo captar el rostro de Jesús, de Aquel que ha de ser en este instante y para siempre el Amado de nuestra alma? ¿Se encenderá hoy en nuestra contemplación al menos el deseo, *deseo disparatado de contemplar su Faz*? ¿O lo hemos tenido antes y resulta que no hemos conseguido mantenerlo? Las lecciones de un amor así, ¿dónde cursarlas?

Un día dijo el Señor a santa Ángela de Foligno: «Si alguno quiere ponerme en su alma no me substraeré a él. Si alguno quiere verme, le daré con arrobamiento la visión de mi rostro. Si alguno quiere hablarme, conversaremos juntos con inmensas alegrías».[59] El asunto es, efectivamente, que cada uno de nosotros *queramos:* por parte de Él nunca hay inconveniente.

LAS LLAGAS

Manantial inagotable de oración contemplativa será para nosotros la Pasión y Muerte de Jesús. Hemos de obligarnos a no pasar de prisa por esas

---

[58] SAN JOSEMARÍA ESCRIVÁ, *Via Crucis*, VI estación.
[59] Cit. en BERNADOT, M. V., *De la Eucaristía a la Trinidad*, Palabra, Madrid 1976, p. 30.

páginas que narran el tremendo holocausto del Señor, queriendo detenernos solo en aquellas donde se muestra con poética dulzura la figura del Salvador. Porque es preciso acometer de frente el dramatismo del Calvario para realizar cada uno nuestro personal acontecer pascual: solo si en nuestra existencia se dan de hecho la pasión y la muerte podremos luego resucitar en Dios. Hasta entonces Jesús podrá decirnos en nuestra contemplación personal a cada uno: *Tienes que repetir en ti los Misterios de mi paso por la tierra. Yo no estoy ya más con mi presencia visible en el mundo, ni puedo volver a derramar mi Sangre ni entregar mi Vida. Pero tú sí. Eres la Hostia que hoy puedo ofrecer al Padre y Él te recibirá lleno de gozo... repite mi entrega en la Cruz y mi presencia oculta y silenciosa en el Sagrario. Hostia que se inmola y Hostia que permanece siempre amando, en el silencio, en la oscuridad, en la incomprensión...*

Citando al Vaticano II y apoyándose en el testimonio de san Juan Eudes, el Magisterio ofrece una hermosa y profunda enseñanza: «Todo lo que Cristo vivió hace que podamos vivirlo en Él y que Él lo viva en nosotros. "El Hijo de Dios con su encarnación se ha unido en cierto modo con todo hombre" (GS 22, 2). Estamos llamados a no ser más que una sola cosa con Él; nos hace comulgar en cuanto miembros de su Cuerpo en lo que Él vivió en su carne por nosotros y como modelo nuestro:

"Debemos continuar y cumplir en nosotros los estados y Misterios de Jesús, y pedirle con frecuencia que los realice y lleve a plenitud en nosotros y en toda su Iglesia... Porque el Hijo de Dios tiene el designio de hacer participar y de extender y continuar sus Misterios en nosotros y en toda su Iglesia por las gracias que Él quiere comunicarnos y por los efectos que quiere obrar en nosotros gracias a estos Misterios. Y por este medio quiere cumplirlos en nosotros" (S. Juan Eudes, regn.)».[60]

Jesús nos invita a aceptar conscientemente la unión con su Cruz porque es la única manera de recibir los frutos redentores que en ella nos obtuvo. De ahí que nuestra vida toda —como la suya— acabe por no ser otra cosa que un *padecer amando*, con las penas que Él disponga (muchas veces incomprensibles), asumiendo sufrimientos verdaderos que no sean solamente tolerados sino —también como Él— gozosamente buscados, deseados, anhelados, ansiados:

Si eres flagelado, pide mayores tormentos... prueba la hiel, bebe el vinagre, busca los salivazos, recibe las

---

[60] *Catecismo de la Iglesia Católica*, n. 521.

bofetadas y los puñetazos, esfuérzate por coronarte de espinas... finalmente, con ánimo viril, déjate crucificar: muere junto con Cristo, hazte sepultar para resucitar con Él, para reinar con Él.[61]

No se podrá jamás llegar a la profundidad de la vida espiritual si no es viviendo en la propia carne el misterio de la Cruz. Santa Teresa enseña que aun las más sublimes gracias contemplativas, en que predomina la acción del Espíritu Santo, se conceden a las almas precisamente para hacerlas más capaces de llevar la Cruz:

> Porque no nos puede su Majestad hacernos la mayor (favor) que es darnos vida que sea imitando a lo que vivió su Hijo tan amado; y así tengo yo por cierto que son estas mercedes para fortalecer nuestra flaqueza... para poderle imitar en el mucho padecer.[62]

Lo anterior puede ser fácil de leer, pero muy difícil de desear con corazón sincero. Preguntémonos si cada día, al empezar nuestra jornada, estaríamos dispuestos a decirle al Padre: *Hoy, Padre Eterno, deseo unirme a tu Hijo: mándame la cruz. No me des consuelos ni dulzuras, porque este día*

---

[61]. San Gregorio Nacianceno, *Las oraciones*, Orac. 38, 18.
[62] *Moradas* 7, 4, 4.

quiero sufrir todo cuanto disponga tu Amor miseri-
cordioso. No importa lo duro que resulte, solo te pido
saber amar profundamente cada designio tuyo. De
hacerlo, llegaríamos a entender por qué el Padre,
que nos ama tanto como ama a su Verbo, no puede
sino pedirnos a cada uno la correspondencia total
a su Amor, y que la mejor manera de demostrarle
que estamos dispuestos a ello es la misma que ideó
para su Hijo: pidiéndonos también toda nuestra
sangre. Se dejará oír de nuevo el misterioso anhelo
suyo: *quiero tu sangre*, y sabremos comprender que
esa frase es un grito de amor.

Y es que en la tierra no se conoce sino a me-
dias el amor; por eso muy difícilmente comprendemos esta ansia de sufrimiento y de sangre que
tiene el Amor divino. En la Escritura encontramos a veces frases desconcertantes en este sentido, como aquella de *Hebreos* 12, 6 que dice: «...
porque a quien ama, corrígele el Señor, y azota
a todo hijo que por suyo reconoce». Necesitamos ser tratados así, explica santo Tomás, «no
ciertamente para nuestra ruina, sino para nuestra salvación... Pues aquellos a quienes no castiga
Dios no están en el número de sus amigos... y la
ausencia de graves pruebas es como un signo de
reprobación».[63] Pues así es, aunque resulte para-

---

[63] *Com. a las Epístolas de San Pablo; Ad Heb.* 12, 6.

dójico: el amor quiere sangre. El Amor infinito del Padre —por infinito— es insaciable: quiso la Sangre de Jesús y esa Sangre, para responder al anhelo divino, se vierte a cada instante sobre los altares y se derrama en silencio sobre las almas transformadas por Él. «¿Quién es el que viene de Edom, el que viene de Bosra, el que viene con los vestidos teñidos de rojo?»[64]

«La única respuesta digna —afirma san Jerónimo— es devolver sangre por sangre».[65] Si el Padre celestial acaba pidiendo también nuestra sangre es porque esa sangre es la de Jesús: la medida del sufrimiento de Cristo es la medida del sufrimiento del justo. Busquemos que esa Sangre se derrame sobre nosotros, dejemos que nos inunde y nos purifique a través de la contemplación de cada una de sus llagas y la aceptación de las pruebas que el Padre quiera enviarnos. El ansia ardiente de la unión y el deseo de vernos libres de las manchas que nos impiden una intimidad total nos llevará a exclamar: «Lávame más y más de todas mis maldades, rocíame con tu Sangre».[66] Veremos entonces con santa Catalina de Siena que «no podemos tener

---

[64] *Quis est iste, qui venit de Edom, tinctus vestibus de Bosra?* (*Isaías* 63, 1).

[65] SAN JERÓNIMO, *Carta* 22, 39: PL. 22, 428.

[66] *Salmo* 50, 9.

fuego sin sangre, ni sangre sin fuego»;[67] es decir, amor sin sufrimiento, ni verdadero sufrimiento —sufrimiento de Cristo— sin que sea profundamente amado. Buscaremos entonces anegarnos en aquella Sangre preciosa que borra toda iniquidad y embriaga de dulzura, porque la Sangre de Cristo es líquida y tiene fuerza transformante de licor embriagador.

Se guarda en Nápoles una redoma con la sangre de san Genaro, obispo de Benevento, que murió mártir a principios del siglo IV. Esa sangre coagulada y seca se licúa cada año, en la fiesta del santo. Millares de personas acuden para ver hervir la sangre del insigne obispo. Pero la Sangre del Redentor no se ha coagulado, no se ha secado. Brota continuamente de cada una de sus llagas no para servir de espectáculo a las miradas curiosas sino para derramar corrientes vivificadoras en cada corazón abierto. Del manar misterioso de las llagas de Cristo vendrá a nosotros, que la bebemos en nuestra propia pasión, vendrá, decíamos, la embriaguez de todo bien y toda dulzura, tal como experimentan los santos:

En la Sangre hallamos la fuente de la misericordia;
en la Sangre, la clemencia; en la Sangre, el fuego,

---

[67] STA. CATALINA DE SIENA, *Ep.* 52.

y en la Sangre, la piedad... Embriaguémonos con esta preciosa Sangre... esta Sangre nos hará llevar y sufrir todas las penas con santa paciencia, hasta gloriarnos con San Pablo en las tribulaciones, deseando conformarnos con Cristo crucificado y vestirnos de sus oprobios por la honra de Dios y por la salud de las almas... Esta Sangre quita toda pena y da todo deleite; priva al hombre de sí mismo y lo hace encontrarse con Dios... Debemos, por tanto, tener continuamente en la memoria aquella Sangre derramada con tanto fuego de amor.[68]

Sí, nosotros también, que somos contemplativos, debemos tener continuamente en la memoria aquella Sangre derramada con tanta fuerza de Amor. Eso se facilitará luego de realizar contemplativamente muchas veces el recorrido de la pasión de Jesús, para asumirla como nuestra. Contemplándola, veremos que esa pasión dejó grabadas en Él las marcas con que se sigue haciendo presente, resucitado y glorioso, por toda la eternidad. Ha quedado impreso en su Cuerpo un retablo de dolores, en el que contemplamos Sangre de Amor por todas partes, en las llagas de sus manos y sus pies, en la herida de su costado y en todas las llagas de su

---

[68] *Id.*, 57 y 58.

flagelación... y también en las laceraciones que no se ven, las invisibles llagas que le causan en su Alma los pecados de todos los tiempos. Si Él ha querido que permanezcan abiertas es para que pueda refugiarse en ellas todo el que lo busca: "Estas llagas no provocan mis gemidos, lo que hacen es introduciros más en mis entrañas. Mi Cuerpo al ser extendido en la Cruz os acoge con un seno más dilatado, pero no aumenta mi sufrimiento. Mi Sangre no es para mí una pérdida, sino el precio de vuestro rescate".[69]

EL CORAZÓN

Entre 1673 y 1675 tuvieron lugar las revelaciones que Jesús hizo a Santa Margarita María de Alacoque. Ella recibió el encargo de recordar al mundo el deber de reparación por los pecados y de corresponder a su Amor por nosotros, simbolizado en un Corazón en llamas y luminoso como un sol. Las revelaciones buscaban el cumplimiento del gran deseo de Amor por los hombres representado por el corazón carnal cuya imagen Jesús quería que se expusiera por todo el mundo y por todos fuese glorificado. Él ha abierto misericordiosamente para nosotros las

---

[69] SAN PEDRO CRISÓLOGO, *Sermo* CVIII: PL 52, 499-500.

insondables riquezas de su Corazón. Tenemos ahí un ámbito idóneo para contemplar, porque contemplar es amar, y nada mejor que el Corazón del Dios-Hombre resulta expresivo del Amor divino y del amor humano.

> El Amor, en el seno de la Trinidad, se derrama sobre todos los hombres por el Amor del Corazón de Jesús.[70]

Es así como podremos no solo *comprender* sino también *experimentar* la dicha de sabernos objeto de un Amor sin límite ni medida: el Amor del Corazón de Dios. Y es que desde el Nuevo Testamento esta expresión no es ya metáfora sino realidad, pues se trata del Corazón del Verbo encarnado, verdadero corazón de hombre y verdadero corazón de Dios. El Corazón de Jesús es primeramente símbolo del amor humano que Él —hombre verdadero— posee en su máxima perfección. Metiéndonos ahí por la contemplación nos encontramos con un cariño lleno de sensibilidad, de ternura, de compasión, de delicadeza extrema; cariño que trasciende la suma de los cariños más entrañables que hayan sido dirigidos a nosotros en el despliegue de nuestra vida. Pero

---

[70] San Josemaría Escrivá, *Es Cristo que pasa*, n. 165.

además ese Corazón de Cristo es también símbolo del Amor de Dios que Él —verdadero Dios— posee por su unión personal con el Verbo. En el Corazón de Cristo está todo el Amor eterno e infinito del Padre, del Hijo y del Espíritu Santo; su Corazón es el instrumento que lo revela y lo dispensa a los hombres. Comprendemos entonces, gracias a la contemplación de ese Corazón, que es ahí donde se da la *riqueza insondable de Cristo*, de la que habla San Pablo en la carta a los Efesios (3, 8), y que él se siente impulsado a gritarla por el mundo, descubriendo *el misterio escondido desde el principio de los siglos en Dios* (*Ib* 9), pues gracias a él tenemos *acceso confiado al Padre* (*Ib*, 12).[71]

Volvemos así a advertir que la característica principal de la moral de Jesús es el papel

---

[71] «Cristiano, en tu Dios y Señor hallas un corazón así, cuando te unes a él por la gracia. Tanto se acerca al tuyo su divino corazón que lo penetra enteramente, lo llena de su santa presencia; ambos, animados por una sola alma y un solo espíritu, se funden en un solo corazón. Este corazón es el bien supremo e infinito, el bien que encierra todo bien y toda felicidad. Cuanto de amable y de dulce existe en todos los corazones en el cielo y en la tierra está en él reunido, más aún, infinitamente superado» (M. SCHEEBEN, *Las maravillas de la gracia divina*, libro 2o., cap. VII, Desclée, Bilbao 1960, p. 189-90).

totalmente nuevo y central que Él atribuye a la caridad, así como la rectitud y la justicia son el núcleo de la moral natural. Esta es la luminosa claridad que nos envuelve con su efluvio de misericordia cuando oímos de sus labios la parábola del hijo pródigo: «Mientras que estaba todavía lejos, su padre lo vio y se movió a compasión, y corrió hacia él, se le echó al cuello y lo llenó de besos»,[72] y nos asombra con la revelación de una afectividad que no conoce límites en las dimensiones de su ardor: «Fuego he venido a traer a la tierra, y ¿qué he de querer, sino que arda?»[73]. Entonces, en la contemplación de su Corazón, en esa misteriosa interpenetración de ambos corazones —el Suyo y el nuestro— nos sumergimos en la gozosa realidad de un Amor así. Dejándonos inundar por ella podremos «comprender con todos los santos, la anchura y la longitud, la altura y la profundidad del Amor de Cristo, y experimentar ese Amor que sobrepasa todo conocimiento humano».[74]

Nos situamos, contemplando, en lo más íntimo de Jesús: su Corazón. Conocer con profundidad el Corazón de Dios es descubrir el tesoro

---

[72] *Lucas* 15, 20-21.
[73] *Lucas* 12, 49.
[74] *Efesios* 3, 17-19.

escondido del Evangelio. Tratar de él exige un clima de fervor e intimidad que no se da en toda ocasión. Si el rostro es el espejo del alma, la faz del más hermoso de los hijos de los hombres será también reflejo de un Corazón de belleza infinita. A través del rostro, de la mirada, de la sonrisa, de la sangre y de las llagas accedemos hasta el Corazón de Jesús, como lo atestiguan todos los contemplativos:

> Dulce e inmaculado Cordero, Tú estabas muerto cuando te abrieron el costado: ¿por qué quisiste que fuese herido y partido tu Corazón?... Él respondió que había muchas razones para ello. *Te diré la principal: porque mi amor al género humano era infinito, y el acto de sufrir penas y tormentos era finito, y por lo finito no podía manifestar todo el amor con que amaba, que era infinito. Por eso quise que vieseis el secreto de mi Corazón mostrándotelo abierto, para que vieses que yo amaba más de lo que podrían demostraros mis sufrimientos finitos.*[75]

En el Monte Sinaí solo Moisés podía acercarse a Dios y verlo, y conversar con Él. Si algún otro traspasaba el límite al pie de la montaña, era castigado con la muerte. Ahora que el Hijo de Dios se ha hecho uno de nosotros, quedaron abatidas

---

[75] Santa Catalina de Siena, *El Diálogo*, c. 75.

todas las barreras y anuladas todas las distancias. Con Jesús entramos en su vida, participamos de su divinidad, nos hacemos fuego con Él siendo nosotros solo una ligera chispa, mar con Él siendo una sola gota, salud, luz, vida con Él, dioses por participación con Él, que es Dios por naturaleza. «Vengan a mí»,[76] dice Jesús a cada uno, en la intimidad de nuestra oración contemplativa: *Acércate a Mí. Ven, y ámame sin término ni medida, porque así te amo Yo. Te amo tanto, tanto y de modo tan total, como Yo soy amado de mi Padre.*[77]

Acceder a ese Corazón Sacratísimo —o al dulcísimo de María— es encontrarnos en una franca y abierta recepción: el problema de meternos ahí en realidad no está sino de nuestra parte. Bien porque no acabamos de confiar en la grandeza de su Amor, bien porque nuestra atención no termina de dirigirse a Él en exclusiva. Bien, en fin, porque a nuestro corazón lo atan otras ilusiones. Pero de parte de Dios los obstáculos están a tal grado abatidos que de hecho no existen. Sin embargo, nosotros seguimos empeñados en creer que es muy difícil establecer el contacto y la comunicación con Él, cuando en realidad lograrlo

---

[76] *Mateo* 11, 28.
[77] "Como mi Padre me ha amado así los he amado Yo. Permanezcan en mi Amor" (*Juan* 15, 9).

es tan fácil o tan difícil como cada uno quiera. Si a Dios nos dirigimos con sencillez total, a corazón abierto, sin cuestionarnos nada, como niños pequeños, entonces resulta muy fácil intimar con Él, porque se trata de hacerlo y ya, de hacerlo sin más: es la audacia de la fe.

Algo de la verdad del Corazón abierto de Jesús reflejan los siguientes versos. Tan solo algo, porque mucho más de lo que pueda expresarse con palabras humanas dirigidas a tratar del amor y la confianza humanos puede decirse para la intimidad y la cercanía divinas, porque ese Corazón nos llama a una unión y a una fusión que no conocen límites ni medidas. Dios no edifica vallas aisladoras para el que busca establecer un diálogo de amor: tan palmariamente abiertos ofrece los cauces de acceso que podemos acabar por no creerlo.

El alma tenías / tan clara y abierta, / que yo nunca pude / entrarme en tu alma.

Busqué los atajos, / los pasos altos y difíciles... / A tu alma se iba / por caminos anchos.

Preparé alta escala / —soñaba altos muros / guardándote el alma— / pero el alma tuya / estaba sin guarda / de tapial ni cerca.

Te busqué la puerta / estrecha del alma, / pero no tenía, / de franca que era / entradas tu alma.

Porque entonces, si no damos crédito a esa asombrosa facilidad, a ese deseo de Jesús de mantener palmariamente abierto su Corazón para nosotros, corremos el riesgo de quedarnos fuera:

¿En dónde empezaba? / ¿Acababa, en dónde? / Me quedé por siempre / sentado en las vagas / lindes de tu alma.[78]

En el Corazón de Cristo nos metemos, y ya. Y entonces estamos en lo más profundo de su intimidad, pues no ha sido otro su deseo: «Padre, Yo quiero que los que Tú me diste estén siempre conmigo, donde Yo estoy, para que vean mi gloria».[79] Ante Dios cualquier audacia nuestra es timidez; cualquier sueño, cortedad. Su afán unitivo es siempre mayor que nuestras ambiciones; su Amor excede toda ansia. Las murallas son nuestras, la explanada suya. Suya la apertura, nuestra la cerrazón; suya la claridad, nuestra la tiniebla. Suya la certeza, nuestra la duda. Sí, siempre: aunque nuestras miserias proclamen a gritos nuestra indignidad. «...y al cogerte el Señor a diario del suelo, abrázale con todas tus fuerzas y pon tu cabeza miserable sobre su pecho abierto,

---

[78] PEDRO SALINAS, *Presagios*.
[79] *Juan* 17, 23.

para que acaben de enloquecerte los latidos de su Corazón amabilísimo».[80]

De la concordia a la ansiedad del corazón

Podremos así incursionar contemplativamente en el mundo del Corazón de Jesús, como otras veces lo haremos en el de la mirada, en el del rostro, en las llagas, y llegaremos hasta el mismo fondo de nuestro Redentor. Del mismo modo como —pongamos por caso— estamos invitados a contemplar *la mirada* de Jesús en cada uno de los momentos de su vida (particularmente en los de su Pasión), podría ser un ejercicio muy reconfortante para nosotros *comprender su Corazón* en cada paso del *Via Crucis*. Entenderemos en ese nivel profundo cómo, más allá de la sangre y las espinas, más allá de los clavos y la lanza, del látigo o las burlas, está el holocausto interno del Corazón de Jesús, que asume en plenitud de afirmación cada instante de su misterio Pascual. Lo flagelan y por dentro dice *sí* a cada golpe, y dice *sí* en su Corazón también a cada salivazo que recibe, y no me quedará más remedio a mí que decir también *sí* cuando haya de rendir mi entendimiento porque Jesús dijo *sí* a las espinas coronando su

---

[80] San Josemaría Escrivá, *Camino*, n. 884.

cabeza. Entonces mi permanente *sí* será también el Suyo, y realizo ahora la unión de corazones, porque cuando en un amor humano o en un amor divino comienza a darse disonancia, alguna divergencia de intereses, las luces rojas de peligro deberían encenderse de inmediato. A un *no* deberían seguir muchos *sí... Sí, sí, sí.*[81]

Esas situaciones de dramatismo interno del Sagrado Corazón podrían suponernos un fuerte catalizador para nuestra rutina, y aprender nosotros cómo unir nuestro corazón al Suyo en esa muerte que cada día hemos de morir. Pero quizá tengamos que esperar y ser pacientes, pues no siempre nos será fácil sintonizar con su Yo íntimo. Quizá habremos de permanecer mucho tiempo buscando en Jesús tan solo su mirada. La derivación vendrá después, cuando el Paráclito Consolador vea nuestros minúsculos esfuerzos y sea vencido por nuestra pequeñez. En último término, ante la grandeza del amor de Dios nuestras nimiedades son grandes osadías, y al mismo tiempo siempre

---

[81] «Únete a Cristo, para purificarte, y siente, con Él, los insultos, y los salivazos, y los bofetones..., y las espinas, y el peso de la Cruz..., y los hierros rompiendo tu carne, y las ansias de una muerte en desamparo... Y métete en el costado abierto de Nuestro Señor Jesús hasta hallar cobijo seguro en su llagado Corazón» (SAN JOSEMARÍA ESCRIVÁ, *Camino*, n. 58).

nos quedaremos cortos, aunque pretendamos ser muy atrevidos. Porque es Dios mismo quien nos quita los límites, y la altura de nuestro impulso determinará el nivel de cumplimiento de su Voluntad. Al fin y al cabo, a quien ama no le queda otro modo de resolver los asuntos sino conformándose a la Voluntad del Amado.

Entonces la identidad de corazones puede llegar a convertirse en disolución, como la gota de agua se pierde en la inmensidad del mar, como el hierro se hace uno con el fuego, como el cristal con el rayo de sol que lo atraviesa. El *dulce sobresalto* deviene en una fuerza de impulsión que se torna cada vez mayor: Jesús se ha convertido en un *Ladrón* cuya especialidad es el *robo* de corazones: «Jesús, tu locura de Amor me roba el corazón».[82]

El Señor ha llegado furtivamente, pues luego de su visita al corazón, este no quiere estar más donde antes estaba, sino ansía escaparse. Jesús es un *ladrón* que ha robado la tranquilidad al alma, dejándola herida, pero sin consumar del todo su robo. Esto tendrá lugar en la eternidad,[83] y

---

[82] San Josemaría Escrivá, *Forja*, n. 825.

[83] «...la comunión y donación personal a Jesucristo... prefiguran y anticipan la comunión y la donación perfectas y definitivas del más allá» (San Juan Pablo II, Exh. *Pastores dabo vobis*, n. 28. 25 de marzo de 1992).

mientras tanto el alma sufre entre el anhelo que aspira colmar y no lo colma. Él, Jesús, oye desde la llanura de esta tierra los suspiros del alma enamorada, que atisba esa felicidad que de pronto le deja gustar una dedada, un paladeo. Si Él nos la diera toda, nuestro corazón no resistiría, estallando bajo la tremenda fuerza de una dicha sin medida alguna. Pero ahora, en el destierro, el alma enamorada anhela la reunión, la consumación, y no puede entonces dejar de quejarse:

> ¿Por qué, pues has llagado / aqueste corazón, no le sanaste? / Y, pues me le has robado, / ¿por qué así le dejaste, / y no tomas el robo que robaste?[84]

Como en esta tierra nuestro anhelo no resulta plenamente satisfecho, acaba convirtiéndose en suspiro. Dios sabe que nosotros suspiramos por Él, y eso no puede dejar de complacerlo. Como Amor Infinito, máximamente amante, no solo le complacen nuestros suspiros, sino que nos enciende más y más en el deseo, como si en cada instante nos enamoráramos por primera vez. Nos sacia sin saciar, y nuestras exhalaciones son para Él una especie de consuelo. De nuestra parte, hemos de saber comprenderlos y saber apreciarlos,

---

[84] SAN JUAN DE LA CRUZ, *Cántico*, c. 9.

porque muchos suspiros llegarán hasta su presencia como un canto maravilloso. Entonces nuestro corazón, que nació para el Cielo, consigue desde ahora meterse ahí con los suspiros:

> Es cosa tan deseable (la contemplación) que es la inmediata a la bienaventuranza. Solo las divide una respiración, en que consiste esta vida mortal... Respira el contemplativo, pero deseos; aspira el bienaventurado, pero fruición; aquél, desea, este goza, y uno y otro contemplan.[85]

Deberemos entender que en nuestra situación actual lo divino y lo humano van siempre entremezclados. No somos ángeles ni tampoco brutos; somos vasijas de barro que portamos bienes divinos, armonía desigual de cielo y tierra. Por eso resulta que algo tan humano y quizá tan poco apreciado como un suspiro sea, ni más ni menos, un acto de virtud teologal; en concreto, de virtud teologal de la esperanza: «Nosotros mismos, que tenemos las primicias del Espíritu, dentro de nosotros mismos suspiramos esperando la adopción de hijos de Dios».[86] En *Cántico* el Doctor Místico lo expresa con el reproche al

---

[85] JUAN DE ASCARGORTA, *Lecciones de Theología mística*, Granada 1712.

[86] *Romanos* 8, 23.

Amado, que suspende al alma por su ausencia (¿Adónde te escondiste, Amado, y me dejaste con gemido?):

> Este gemido, pues, tiene aquí el alma dentro de sí en el corazón enamorado; porque donde hiere el amor allí está el gemido de la herida clamando siempre el sentimiento de la ausencia[87]

Volvemos entonces a advertir que por este camino de contemplación hacemos continuos actos de fe, de esperanza y de amor. Nos estaremos habituando a una nueva manera de vivir en la tierra, como si hubiéramos sido trasladados al fondo del mar y hubiéramos de aprender ahora a movernos por el agua. «Este es el prodigio del alma contemplativa. Vivimos de fe, y de esperanza, y de amor».[88] Entonces los suspiros que provoca este mundo por el que incursionamos —pero que aún no poseemos en plenitud— nos hieren con herida dulce, nos dejan con paz el alma, con regustos de cielo. Solo siendo contemplativos hallaremos colmadas las ansias de nuestro corazón, porque la contemplación es amor reconcentrado, reconcentrado en el fundirse el

---

[87] *Cántico Espiritual*, 1, 14.
[88] *Id*, 221.

Corazón de Jesús y el nuestro. Así lo explica san Francisco de Sales:

> No podemos saber si amamos a Dios sobre todas las cosas, si Él mismo no nos lo revela, pero podemos saber si deseamos amarlo; y cuando sentimos nacer en nosotros el deseo del amor divino, entonces empezamos a amar... Y a medida que ese deseo crece, también el dolor aumenta. Quien desea ardientemente el amor, pronto amará ardientemente.[89]

No es en este punto ocioso que consideremos también el sentido inverso: desear que Jesús comprenda y comparta lo que nosotros llevamos en nuestro corazón. Si, en efecto, intentamos *comprender* y *compartir* con Jesús su Corazón, será para nosotros un enorme consuelo saber que Él comprende y comparte cuanto llevamos en el nuestro: *siente* en nosotros, con nosotros, siendo cada uno de nosotros. Jesús no tiene ningún inconveniente en compartir el estado de ánimo en que se encuentre nuestro corazón en cada circunstancia. Más aún: desea hacerlo. Esto vendrá de un modo completamente natural a medida que más y más nos familiaricemos con Él, luego de muchas

---

[89] *Tratado del Amor de Dios* II, c. 12.

y palmarias manifestaciones de lo que llevamos dentro.

No tiene Jesús ningún inconveniente para ello, siempre y cuando observemos un requisito indispensable: que de hecho sea *eso,* lo que tenemos verdaderamente ocupando nuestro corazón, aquello que queramos que comprenda y comparta. A veces acudimos a Él sin la confianza plena que deberíamos tenerle, por ejemplo, cuando no nos animamos a plantear un asunto en su presencia porque sabemos que ahí nos pedirá más. Entonces nuestro corazón mantiene cerrada esa recámara, y no dejamos que Él, Jesús, la comparta. Deberíamos acudir a Él siempre del todo desarmados, a *corazón abierto,* porque de veras ansiamos sabernos y sentirnos perfectamente comprendidos por Él, pues hemos encontrado el camino franco que nos abrió la lanza:

Después de expirado el Señor, uno de los soldados dio una lanzada por los pechos, de donde salió agua y sangre para bautismo y lavatorio del mundo. Levántate, pues, ¡oh esposa de Cristo! y haz aquí tu nido de paloma en los agujeros de la piedra, y como pájaro edifica aquí tu casa, y como tórtola casta esconde aquí tus hijuelos.[90]

---

[90] Fray Luis de Granada, *Vida de Nuestro Señor Jesucristo,* Patmos-Neblí, Madrid 1954, p. 219.

Y todo lo bueno que Dios nos da, empezando por los cariños humanos, encontrarán en ese Corazón abierto su fuente purificadora: será cariño auténtico si pueden estar juntos el corazón de quien amamos, el nuestro y el Corazón llagado de Jesús:

> ¡Señor!, dame ser tan tuyo que no entren en mi corazón ni los afectos más santos, sino a través de tu Corazón llagado.[91]

DOS MANERAS DE PLANTEAR UNA BATALLA

Desde la óptica maravillosa que abre el diafragma de la contemplación aparecen en nuestra vida insospechadas posibilidades de triunfo para la lucha cotidiana. Ya no acudimos a la contienda armados de palos y piedras, sino con la potencia de aviones supersónicos que viajan a la velocidad del sonido. Y a tal altura que jamás podrán alcanzarlos proyectiles enemigos:

> Si queréis aprender de la experiencia de un pobre sacerdote que no pretende hablar más que de Dios, os aconsejaré que cuando la carne intente recobrar sus fueros perdidos o la soberbia —que es peor— se rebele y se encabrite, os precipitéis a

---

[91] Id, *Forja*, n. 98.

cobijaros en esas divinas hendiduras que, en el Cuerpo de Cristo, abrieron los clavos que le sujetaron a la Cruz, y la lanza que atravesó su pecho. Id como más os conmueva: descargad en las llagas del Señor todo ese amor humano... y ese amor divino.[92]

La táctica militar de plantear los combates desde las alturas que gana el alma en la contemplación es una de las dos maneras de resistir a los vicios. La otra consiste en hacerles frente por medio de actos de virtud que se opongan a la tentación (el *agere contra* de la literatura ascética clásica: contra soberbia, humildad; contra pereza, diligencia; contra gula, templanza...). Esta forma de combatir engendra la virtud de la paciencia, aunque puede resultar cansada y peligrosa. Cansada porque el impulso no procede del corazón transformado por el amor, sino de la voluntad que ha decidido, ayudada por la gracia, ponerse a luchar. Como no cuenta con el gozo del amor, con la facilidad de superarse por la persona amada —su bastimento es el esfuerzo de la voluntad— el individuo no encontrará en su interior la claridad de los porqués, sino solamente de los *cómos*. Y entonces ese planteamiento se vuelve peligroso, tanto porque es susceptible de conducir al

---

[92] SAN JOSEMARÍA ESCRIVÁ, *Amigos de Dios*, n. 303.

perfeccionismo voluntarista como porque puede llevar al abandono por fatiga. Como si alguien, perseguido por los perros, se detuviera de pronto y, plantado frente a ellos, comenzara a defenderse con la fuerza de sus puños. Puede que, al cabo, los perros se retiren, pero quizá no, y lo muerdan. Con todo, aun si se van, el sujeto quedará agotado y maltrecho.

El otro modo de vencer a los perros es correr y subirse a un árbol, quedando fuera de su alcance. Este es el modo que deriva de la contemplación. Cuando sentimos el primer movimiento de algún vicio —lujuria, cólera, impaciencia...— podemos, sí, resistir mediante un acto de virtud contraria, y será meritorio y grato a Dios, pero podemos también acudir sin tardanza a un movimiento de fe y de amor sobrenatural, elevando nuestro corazón a la unión con Dios. El enemigo ya no encuentra a quien atacar, pues el alma no está más ahí donde la tentación buscaba herirla. Y entonces, cosa maravillosa, nuestra alma, como ausente del movimiento vicioso, adherida y unida a su Amado, ya no resiente ninguna asechanza del vicio mediante el cual el demonio buscaba dañarla.

Es eso lo que comprenderá maravillosamente santa Teresita del Niño Jesús: «En cada nueva ocasión de combate, cuando mi enemigo quiere provocarme, yo me porto con valentía: sabiendo que es una cobardía batirse en duelo, doy la espalda a mi adversario sin jamás ver su rostro; después corro hacia mi Jesús, le digo que estoy dispuesta a derramar toda mi sangre para confesar que hay un cielo...»[93] En esta nueva táctica militar lo que cambia es el bagaje, pues acudimos al combate armados de las virtudes teologales. Nos sustraemos del campo de batalla del demonio, pues las virtudes teologales hacen rebasar el dominio del sentido, sobre el que puede ejercer su poder el enemigo, e introducen al alma en un ámbito colocado al abrigo de sus ataques y sus golpes.[94] Este es el tema preferido de san Juan de la Cruz para explicar su planteamiento del combate espiritual: el doctor místico recomienda al alma disfrazarse

...con aquel disfraz que más al vivo representa las afecciones de su espíritu y con que más segura

---

[93] *Historia de un alma*, cap. IX.
[94] Cabe señalar aquí que, además de las virtudes teologales, la virtud de la humildad es particularmente eficaz para librarse de las astucias del demonio. Como está afianzado en una actitud de orgullo por su rebeldía contra Dios, no sabe ser humilde ni comprende la humildad. Parece como que esta virtud goza de una especie de inmunidad: «El demonio —dice santa Teresa— puede hacer poco daño, o ninguno, si el alma es humilde» (*Moradas* 6, 3, 16).

vaya de los adversarios suyos y enemigos, que son: mundo, demonio y carne. Y así, la librea que lleva es de tres colores principales, que son verde, blanco y colorado, por los cuales son denotadas las tres virtudes teologales, que son: fe, esperanza y caridad, con las cuales no solamente ganará la gracia y voluntad de su Amado, pero irá muy amparada y segura de sus tres enemigos.[95]

Desde esta óptica divina, teologal, infusa, de arriba hacia abajo, hemos de saber afrontar el ejercicio de todas las virtudes humanas y cristianas. Comprenderemos así que la contemplación jamás se aleja del pelear continuo, ni desprecia —como el quietismo— nada de cuanto humano pueda ser asumido. El proceso en espiral en que se mueve conjunta mística y ascética, esfuerzo de virtud e infusión de dones sobrenaturales. Lo que sí hace la contemplación es advertirnos que los intentos de practicar virtudes por sí mismas resultan estructuras sin contenido, con frutos deslumbrantes, pero aparentes; admirables, mas no amables. También lo enseña la buena teología: para que la virtud sea tal ha de estar informada por la caridad, que es el alma de todas ellas.[96]

---

[95] *Noche* 2, 21, 3.

[96] «La caridad es la raíz y la forma de todas las virtudes» (*Suma teológica*, II-II, q. 23, a. 8).

Y es que cuando nos embarcamos en una decisión de vida cristiana siempre nos acecha el peligro del formalismo, de la rigidez, del actuar por la simple obligación, olvidando los motivos de fondo que nos impulsan a ello. Aparece entonces un fantasma temible, el de la amargura, porque luego de mucha fatiga no hemos sido capaces de experimentar la dulzura de besar las llagas de Cristo. Podremos mantenernos así, voluntaristamente, y dar la apariencia de buen espíritu, de fidelidad al Señor Jesús e incluso de celo por la salvación de la humanidad. Hasta seremos capaces de lograr actos de virtud, e incluso tomaremos resoluciones en orden a la superación personal, pero llevamos camino que tarde o temprano se resuelve en el abandono, el agotamiento o la amarga decepción. Porque aquello acaba por deslucir y tornar cansada y sin objeto toda lucha. Hemos perdido el norte último y el móvil profundo de cada acción.

En cambio, si mantenemos nuestra lealtad y nos abrimos paso por la fe y la confianza a los caminos de su Amor, Jesús sale a nuestro encuentro una y otra vez, invitándonos a recuperar la unión en el amor, la mutua receptividad amorosa que se da en el encuentro profundo, contemplativo, de nuestra alma con Él. Nuestra vida así planteada nos llevará a practicar toda virtud, cada virtud, enfundados en nuestro nuevo *disfraz*: el de la fe, la esperanza y la caridad, de quien vive contemplando, de quien se ha metido muchas veces, mucho tiempo y de muchos modos en cada Llaga, porque ha asumido y ha amado la identidad con Jesús en su agonía.

«Si adviertes que tu corazón se hincha y enardece, ármalo con la señal de la cruz sobre tu pecho; trae a la memoria lo sucedido en el Calvario; y con este recuerdo sacudirás como polvo toda ira».[97] El Crisóstomo refiere aquí la victoria sobre la ira desde la óptica de la Cruz de Cristo. Tomemos ahora el caso de otra virtud: la caridad para con el prójimo. Si nos planteamos crecer en el amor a los demás, podremos proponernos actos de virtud, ejercicios que nos ayuden a llevarla a la práctica, y todo ello será muy conveniente y meritorio. Pero será mejor si logramos que nuestro corazón, transformado, poseyendo la inmensa fuerza del amor divino, haga brotar connaturalmente —y luego de mucho ejercicio, casi sin esfuerzo— esos actos profundos de caridad y servicio, de verdadero bien a cada uno de nuestros prójimos. Porque tenemos ya los sentimientos de Cristo, y porque lo descubrimos oculto, "disfrazado" en los demás.

---

[97] San Juan Crisóstomo, *Hom. in Ev. S. Matt.*, n. 88.

Hemos sabido dar paso al pleno actuar del Espíritu Santo y ahora, con sus virtudes infusas y sus dones, Él nos comunica su propia manera de pensar, de amar y de obrar, en la medida en que nos es posible a nosotros, simples criaturas, participar en el modo mismo del obrar divino.[98]

Entonces el creyente, iluminado directamente por Dios, ya no razona ni duda en sus elecciones, ni es limitado ya en su acción: se vale para realizar sus actos de las lumbres de la inteligencia, la ciencia, la sabiduría y el consejo de Dios, se reviste de la fortaleza del Inmutable y de todas las perfecciones divinas. Vive ya de Dios a la manera de Dios. Es inspirado, dirigido y sostenido por el Espíritu mismo de Dios en Persona. El hombre, bajo esta influencia divina, se convierte en una especie de instrumento inteligente y libre, pero perfectamente dócil, entre las manos del Artista creador.[99]

Santa Teresa insiste en lo prioritario del amor a Dios para vivir la caridad: «Si no es naciendo del amor de Dios, que no llegaremos a tener con perfección el del prójimo»[100]. De ahí que un

---

[98] Cf. *Suma teológica*, III, q. 65, a. 5

[99] M. M. Philipon, *Los dones del Espíritu Santo*, Palabra, Madrid 1989, p. 125.

[100] *5 Moradas* 3, 9.

modo posible de facilitar a Dios esa divinización de nuestro ser y nuestro actuar se producirá luego de mucho meternos, contemplando, en los modos del amor del Corazón divino, descubriendo en él los sentidos de bondad, de comprensión, de aliento, de perdón, de misericordia que guarda. Haciéndolo, habremos dado pie a una ascensión nueva: Dios podrá colmarnos con uniones más íntimas, porque tenemos de nuevo la identidad de quereres, y ha sido conjurado el peligro de la división. Eso respondió en cierta ocasión Jesús a Santa Catalina de Génova cuando ella, no sabiendo cómo hacer compatibles en su interior el amor a Dios y a los demás, «decía a Dios: Tú mandas que ame al prójimo y yo solo puedo amarte a Ti, ni quiero nada fuera de ti. ¿Cómo haré, oh, amor? Se le respondió interiormente que quien amaba a Él, amaba cuanto Él amaba».[101] El Aquinate lo explica así: «La razón de amar al prójimo es el mismo Dios... por consiguiente la misma virtud infusa que hace que amemos a Dios por Él mismo, se extiende al amor del prójimo».[102]

Resulta así que al final Dios y el prójimo no son ya sino una y la misma realidad en nuestro

---

[101] *Biografía,* c. 35.
[102] *Suma teológica* II-II, q. 25, a. 1.

corazón, pues estamos amando a los demás con el mismo amor con que los ama Dios: «"Ámense los unos a los otros como yo los he amado". Meditando estas palabras divinas —escribió Teresita— he visto qué imperfecto es mi amor por mis hermanas; comprendo que no las amo como Jesús las ama».[103] Y es así como la contemplación conjura todo peligro de derivar en un quietismo sentimental. La *contemplación* se vuelve *transformación*, «porque se trata del mismo amor y de la misma renuncia que procede del amor. La misma conformidad filial y amorosa al designio de amor del Padre. La misma unión transformante en el Espíritu Santo que nos conforma cada vez más con Cristo Jesús. El mismo amor a todos los hombres, ese amor con el cual Jesús nos ha amado».[104] Nuestro corazón estaba enfermo, dividido; ahora, integrado, está lleno del único Amor posible, del único verdadero, que desborda a cuantos nos rodean.

Todo lo anterior es igualmente aplicable a cualquier otra virtud. Pongamos por caso la humildad. La oración contemplativa presupone que yo, en el claroscuro de la fe, llegue a un intercambio interno de mi yo con el Yo de Cristo,

---

[103] *Historia de un alma*, IX, 129.
[104] *Catecismo de la Iglesia Católica*, n. 2745.

de modo que su sí a la Voluntad del Padre penetre en mí, y se convierta en mi sí. Justamente por este intercambio —que es olvido y muerte del yo, para ser Cristo— conectamos contemplativamente con la virtud de la humildad. El olvido de sí se resuelve en la transformación. Humilde es el hombre que ha abierto los cauces a Dios y lo deja protagonizar su vida: «Guíe su Majestad por donde quisiere», le dice Teresa.[105] Importa solamente atenerse a las exigencias del amor, dejando en manos de Dios la propia suerte. Nuestra suerte será entonces la del Hijo, y reconoceremos así cada vez más el acontecer pascual: esta cruz que me atraviesa (*autonegación*) conduce a una grande e íntima alegría: la de la *resurrección*. Cuanto más tenga el valor de perderme a mí mismo, tanto más experimentaré que, precisamente, en ese momento es cuando me reencuentro. Dios podrá pedirme que le entregue incluso aquellas situaciones que sean del todo incomprensibles para mí, y yo habré de aprender a hacerlo si de veras he dejado —inundado de confianza— que sea Él quien conduzca siempre el rumbo de mi vida. En definitiva, cambio, conversión del corazón, cruz, renuncia, incluso muerte. El *yo* personal ha

---

[105] *Vida*, 11, 13.

desaparecido. Ahora hay un nuevo *Yo*. El infinito Yo de Cristo que poseo.

Esta vía requiere mucha confianza y abandono: «No es un salto mortal en el heroísmo lo que hace santo al hombre, sino el humilde y paciente camino con Jesús, paso a paso. La santidad no consiste en aventurados actos de virtud, sino en amar junto a Él. Por eso los santos verdaderos son hombres completamente humanos y naturales, seres en quienes lo humano, mediante la transformación y purificación pascual, llega la luz en toda su original belleza».[106] Esta es la vía de la unión en la que no luchamos solos, sino que Él, Jesús, lucha en nosotros. Y es así porque hemos sabido unirnos a su *purificación pascual*, al triunfo de su Cruz, a la sangre que brota de su costado, de donde procede toda fuerza. «Piénsalo bien. —Tú eres de Dios..., y Dios es tuyo».[107]

---

[106] Joseph Ratzinger, *Mirar a Cristo,* EDICEP, Valencia 1990, p. 108.
[107] San Josemaría Escrivá, *Forja*, n. 2.

EPÍLOGO

A lo largo de estas páginas hemos rondado las murallas donde se esconde Dios. Alguna rendija desde la que contemplar su rostro quizá se nos abrió. O quizá no. Porque este modo de orar, repetimos, es un don, una gracia. Aunque probablemente el Espíritu Santo, viendo nuestra buena disposición, haya aprovechado estos desarrollos para encender alguna chispa del amor divino.

Así lo pide para ti, el autor.

ESTE LIBRO, PUBLICADO POR
EDICIONES RIALP, S. A.,
MANUEL URIBE, 13-15, 28033 MADRID,
SE TERMINÓ DE IMPRIMIR
EN ARTES GRÁFICAS ANZOS, S. L.,
FUENLABRADA (MADRID),
EL DÍA 20 DE MAYO DE 2025.